京都老舗

暖簾のこころ

中島光行 写真

米原有二／藤田あかり 著

水曜社

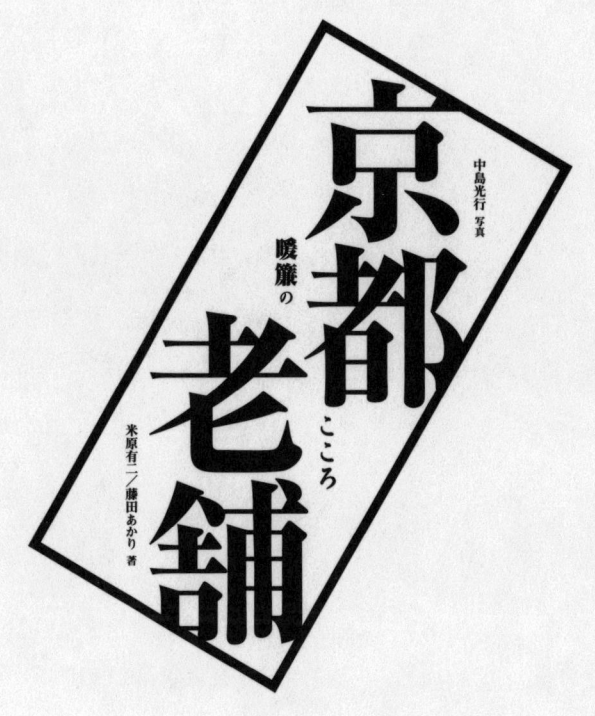

柊家

一文字屋和助

松野醤油

村山造酢

彩雲堂

清課堂

一文字屋和助

雨森敏太郎薬房

御粽司　川端道喜

佐々木竹苞書楼

通圓

帯屋捨松

柊家

京都老舗

暖簾のこころ

はじめに

本書では、京都で長い歴史を持つ三十六軒のお店に、その成り立ちや変遷について取材をしました。どのお店も、取材者が「いつかじっくり話を聞いてみたい」と思っていたところばかりです。

以前、京都で伝統工芸を担う五十人の職人さん達に取材し、その言葉を記した『京都職人　匠のてのひら』では、華やかな工芸品の見た目とはうらはらに、技術継承の難しさ、同じ仕事を継続していくことの大変さを、その取材を通じて思い知らされました。今回、数十年、数百年の歴史を持つお店に取材したいと考えたきっかけとなったのは、工芸の世界で知った「続けていくことの難しさ」を違う角度から見聞きし、書き記してみたいと思ったからです。

なぜ、これほどまでに長く続けてこられたのか――。

わたしたちが知りたかったことの答えはひとつではありませんでした。お店の歴史は人の歴史でもあり、それを語るとき三十六店三十六様の「言葉」がありました。

老舗の定義や、業種の分布はさておき、まずは興味を持たれたお店の項から読み出してみてください。

読み終えられたとき、あなたの「京都」と「老舗」に対するイメージに、少しでも新しいものが加わっていれば嬉しく思います。

著者

目次

はじめに 3

雨森敬太郎薬房 慶安元年（一六四八年）創業 8

市原平兵衞商店 明和元年（一七六四年）創業 16

一文字屋和助 長保二年（一〇〇〇年）創業 24

いづ萬 弘化元年（一八四四年）創業 32

いもぼう平野家本店 享保年間（一七一六〜一七三五年）創業 40

芸艸堂 明治二十四年（一八九一年）創業 48

帯屋捨松 安政元年（一八五四年）創業 56

本家 尾張屋 寛正六年（一四六五年）創業 64

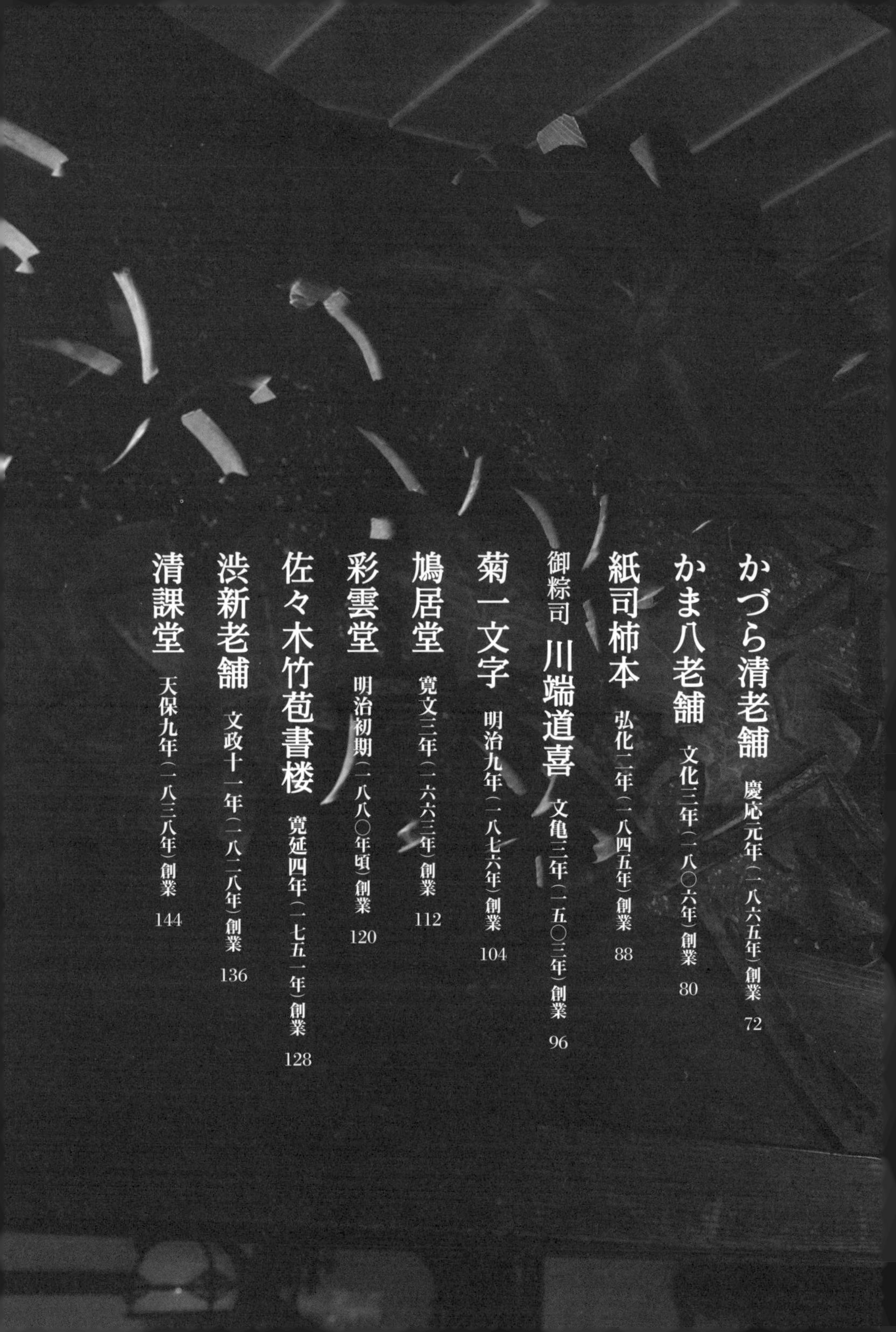

かづら清老舗　慶応元年（一八六五年）創業　72

かま八老舗　文化三年（一八〇六年）創業　80

紙司柿本　弘化二年（一八四五年）創業　88

御粽司 川端道喜　文亀三年（一五〇三年）創業　96

菊一文字　明治九年（一八七六年）創業　104

鳩居堂　寛文三年（一六六三年）創業　112

彩雲堂　明治初期（一八八〇年頃）創業　120

佐々木竹苞書楼　寛延四年（一七五一年）創業　128

渋新老舗　文政十一年（一八二八年）創業　136

清課堂　天保九年（一八三八年）創業　144

大市 元禄年間（一六八八～一七〇四年）創業 152

高橋提燈 享保十五年（一七三一年）創業 160

高室畳工業所 安政六年（一八六〇年）創業 168

玉乃光酒造 延宝元年（一六七三年）創業 176

たる源 江戸末期（一八〇〇年代）創業 184

通圓 永暦元年（一一六〇年）創業 192

御すぐき處 なり田 文化元年（一八〇四年）創業 200

原了郭 元禄十六年（一七〇三年）創業 208

柊家 文政元年（一八一八年）創業 216

至善堂 堀金箔粉 正徳元年（一七一一年）創業 224

本田味噌本店　天保元年（一八三〇年）創業　232

松野醬油　文化二年（一八〇五年）創業　240

三嶋亭　明治六年（一八七三年）創業　248

みなとや幽霊子育飴本舗　慶長年間（一五九六～一六一五年）創業　256

村山造酢　享保年間（一七一六～一七三六年）創業　264

香樹園　八百林　明和六年（一七六九年）創業　272

山中油店　文政年間（一八一八～一八二九年）創業　280

湯波吉　寛政二年（一七九〇年）創業　288

おわりに　314

雨森敬太郎薬房《あめもりけいたろうやくぼう》

慶安元年（一六四八年）創業

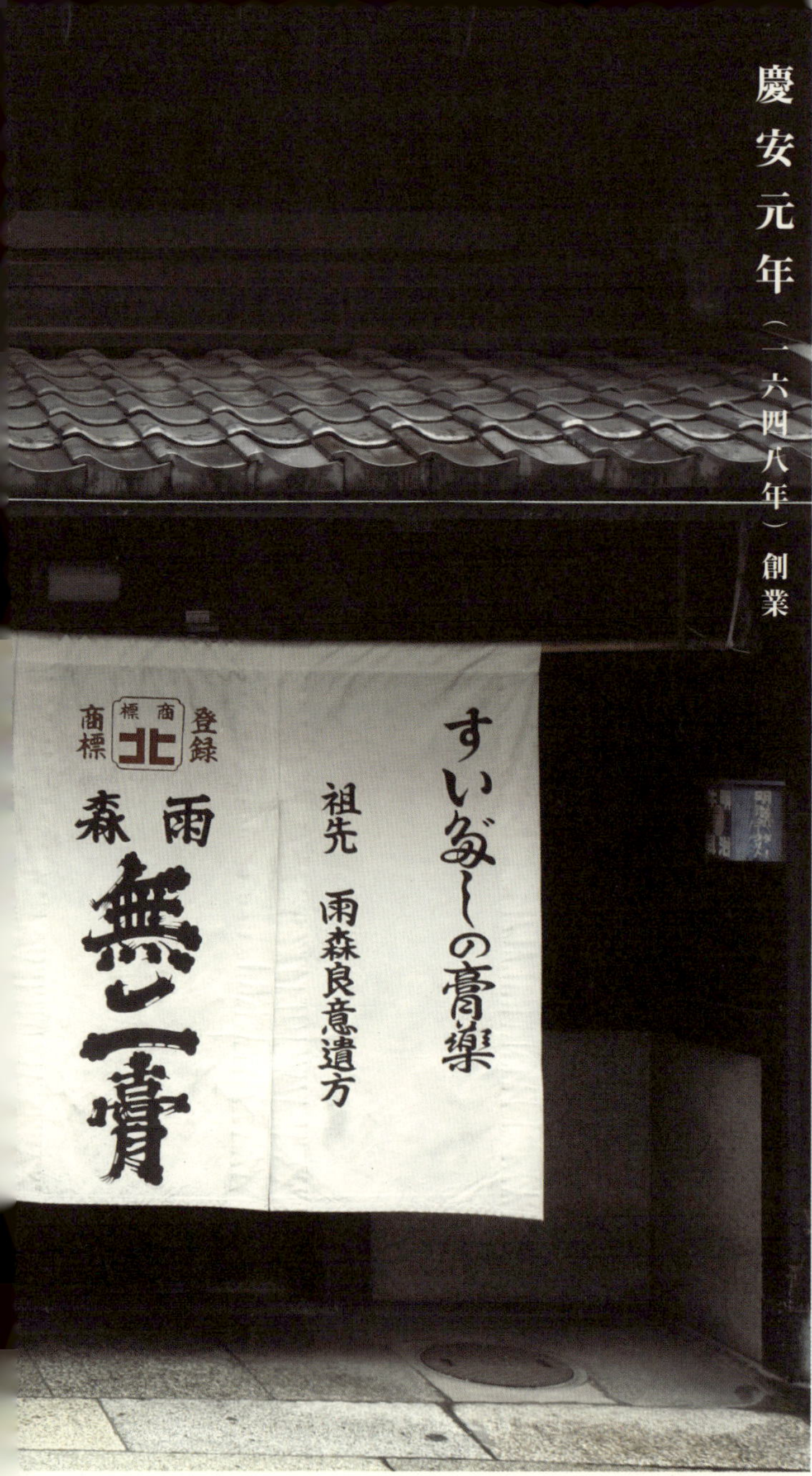

慶安元年(一六四八年)、天下に二つとない、唯一無二の膏薬が誕生した。
その名も「無二膏」。腫物の特効薬として彗星のごとく現れて、その評判は将軍家公卿から
町衆に至る万人にまで聞き及んだという。時は流れて、三百六十年余り。無二膏は平成の世にも
健在である。無頼の愛用者らに支えられ、十六代目が雨森敬太郎薬房の暖簾を守る。

天下唯一無二の膏薬

無二膏を発明した初代雨森良意は、近江伊香郡雨森村の出である。雨森家は、律令制の確立に寄与した藤原不比等の後裔とされ、不比等から分かれて四代目から代々朝廷の御典医として、近江の戦国大名浅井長政にも仕えたと伝わる名家。一族には、同じく雨森村の出身で、江戸中期に朝鮮との外交や貿易に尽力した儒学者、雨森芳洲(1)がいるという。

良意は家光の時代に上洛し、御典医となり京都御所に近い車屋町通二条下ルに居を構えた。二条通りは慶長八年（一六〇三年）に二条城が創建されてから、薬業者が集まる通りとして栄えており、立地条件も良かったのだろう。

良意は御所勤めの傍ら、腫物や外傷に苦しむ人々の多いことに胸を痛める。何ぞ効く薬はないものかと自ら寸暇を惜しんで草学をひもとき研究を重ねるうち、ついにひとつの膏薬を発明する。十三種類の生薬と胡麻油を煎じて成る真っ黒なそれは、患者に用いると効果覿面《てきめん》。腫物の吸い出しの膏薬として一気に評判が立ったため、良意は製造に追われ、肝心の御典医業が務まらない。そこで、良意は御典医の職をきっぱり辞し、その膏薬を「天下に二つとない効き目」と聞こえたことから「無二膏」と名付け、「雨森無二膏」として薬屋の暖簾を掲げることになる。良意は無二膏の祖として尊敬を集め、元文四年（一七三九年）には、幕府から法橋の位という名誉を授かった。だが、いつの世にも二番煎じは存在するもので、無二膏が売れ筋と伝わるや否や、同じ名前を語ったニセモノがいくつも出回るようになる。雨森家に奉公してきた番頭でさえも店を飛び出し、南向かいに「無二膏」という店を出す始末だから、手に負えない。雨森無二膏の当時の主は、「通りの北の店が本家本元」という意味を込めて、「北印　無二膏」と名を改めてこれに対抗せざるを得ない。

雨森芳洲(1)
あめのもり・ほうしゅう
（一六六八―一七五五）
江戸時代前～中期の儒者。近江出身。著作に『朝鮮践好沿革志』など。

「ややこしいから、こっちは北、向こうは南ということで。今はその店は残ってないんですが、真似されるくらい、当時は大評判だったということでしょう」と、現当主の十六代目雨森良和さんは語る。

明治時代に入り商標条例が制定された時は、ようやく無二膏を商標登録できると役所へ出向くも、真贋問わず無二膏が世間にあまりに氾濫していたため、商品名として認可されない悲劇に見舞われる。十三代目は不承不承、「北印」と「雨森」を商標登録したという。

上：雨森家に祀られる薬の神、神農像。百草を口にくわえ自ら効能を試している姿がかたどられている。
下：神農が安置される神棚は、創業当時から大切に守られている。

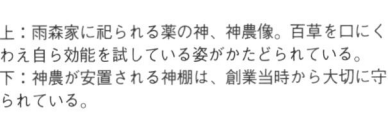

「名前が独り歩きして、商標登録が取れなかったんです。本来は『雨森無二膏』とすべきでしたが、『雨森』と『北印』で、仕方なく。『雨森無二膏』から『雨森敬太郎薬房』へと屋号を改めたのは、私の祖父、十三代目からで、祖父の名前からつけたものです」

戦時中は原料が入らないため製造を中断したものの、戦後は再開。抗生物質の登場や大手製薬会社の商品開発に押され、需要は減少の一途をたどってはいるものの、「無二膏でないとあかん」と買い求める客は少なくない。

生薬と胡麻油を煎じて成す　吸い出しの妙薬

無二膏の用法はこうだ。布か厚紙の上に伸ばした無二膏を、患部にペタンと貼り付ける。無二膏が固い時は火で温めて柔らかくするといい。通常は朝夕の二回貼り替え、腫物の中の膿が多い場合は、一日に三～四回貼り替える。すると、膿が吸いだされ、腫れが治まるという。

「中に膿が溜まってるものに効果的です。もともとは、やいと（灸）の後に使われることが多かった。もぐさでやいとを据えたあと、その上に無二膏を貼ると、悪い膿を吸い出してくれる。今もやいと屋さんへ行くと、使ってる方がいますね。冬の季節になると、効能には書いてないんですが、あかぎれに効くということで、お客さんからよく問い合わせが来ます」

成分を見ると、食用の胡麻油の他、ダイオウ、オウギ、ジオウ、オウバク、サンシシといった生薬が十三種類配合されている。ごま油に生薬を入れて長時間煎じていくと、液体が黒く変色していく。無二膏の独特の艶っぽい黒色は、火でじっくり煎じるうちに生まれるのだ。つくり方も成分も初代から全く変わっていない。包装の仕方の変遷はあり、かつては蛤の貝殻に無二膏薬を入れ、竹皮に包んで売って

商標登録された「北印」

同じく「雨森」

P13：長時間煎じることで独特の色を帯びる無二膏。お灸のあとの排膿、よおう、ねぶと、乳腫、きりきずに効能がある。

雨森
無二膏
京都市中京区車屋町二条下ル仁王門突抜町三〇七番地ノ一
有限会社
雨森敬太郎薬房
電話 京都(231)二八四八番
FAX 京都(231)二八四八番

いたそうだ。今は、飴色をしたブリキの缶に三〇グラムの無二膏を詰め、紙箱に納めている。

「生薬の調合具合は昔からきちんと決まってますので、きっちりその通りに計量します。胡麻油は食用ですが、ちょっとでもいい加減なものを使うと、硬すぎたり、柔らかすぎたり、全然違うものができます。つくり方は、特別な工程表があるわけではありません。私でしたら、親父の仕方を見ながら身につけていきました。煎じながら、煙がぼおっと上がって、色が黒くなっていく様子を見る。時間を計ってやるというのではなく、タイミング。勘という言葉がぴったりきますね」

一日にできる量は、二百缶程度。在庫は古くなると効能が薄れていくため、できるだけ持たないようにしている。注文があれば、その都度つくるそうだ。

「ストックしていれば古くなるので、できるだけ新しい方がいい。効能としてもいいと思います」

「辞めんといてくださいね」

十六代目の雨森さんは、次男として雨森家に生まれた。兄が家を継ぐと決まっていたため、「家業は自分とは無関係の話」として受け止めていたという。

「つくる手伝いは学生の頃からやってましたけど、継ぐことは考えていませんでした」

実際に兄は家を継ぎ、雨森さんは別の道に進んでいた。が、急に思いもかけないことが起こる。兄が四十七歳の若さで急死してしまったのだ。

「本当に突然でした。しばらくは父も一人でやってたんですが、だんだん年もとってくるしね。父親からは継いでくれとは言われたことなかったけど、でも実際にやるものはいなかったから。それこそ昔は、同じような薬が全国に出回ってたんですけど、利益に合わないという理由で、みんな廃業されたり辞められたりで、発祥地の私の店しか結局残らなかったんです。お客さんから『何とか残してくれ』という要望もあって、私がやることになりました」

兄が亡くなってしまった時、暖簾を下ろすことは考えなかったのかという問いに、「辞めようと思ったことはない」と雨森さんは断言する。それは、三百年以上ひとつの膏薬を守り続けてきた老舗の気概というよりも「求めるお客さんがいる」ことに対する誇りゆえのことだろう。

「続けてくださいね」「やめんといてくださいね」。電話越しからこんな言葉が漏れるたびに、初代が築いてくれた功績に感謝する。

「大事な薬は、お客さんの要望がある限りやっていきたいし、伝えていこうと思いますね。その人にとってはなくてはならない薬なんですから。今は、私の息子にもちゃんとつくり方を教えてます」

雨森さんは父親から「計量を寸分たがわず行うこと」を何度も教え込まれたそうだ。今度は、雨森さんが息子に教える立場。いかにも薬屋らしいその教えこそ、二つとない無二膏が生んだ、唯一無二の家訓だろう。

雨森敬太郎薬房

中京区車屋町通二条下ル

伝えていこうと思いますね。その人にとってはなくてはならない薬なんですから。

市原平兵衛商店《いちはらへいべいしょうてん》

明和元年（一七六四年）創業

出雲神話に登場するほど古い歴史を持つ箸は、古代より食事の道具であるとともに、神事の際には祭器としても使われてきた。現在でも、天皇がその年の五穀豊穣に感謝を捧げる新嘗祭では、箸の原形ともされるピンセット型の箸が使われている。「箸にも棒にもかからない」「箸の上げ下ろし」など箸を使った慣用句やことわざが多いのも、ただの道具以上に日本人の暮らしに身近なものだったからだろう。市原平兵衛商店は、御所出入りの御箸司、箸屋喜兵衛の親類だった初代が、子の無かった喜兵衛の養子となり店を構えたことがその始まりとなる。以来、二百数十年。一般的に食事に使われる箸のみではなく料理用、茶事、祭祀などおよそ箸の用途のすべてを網羅した品揃えは日本で唯一の箸専門店といえる。

箸を製造《つくる》べからず

現在は八代目、市原高さんが店を守る。

「うちが箸を専門的に扱ってこれたのは、京都で創業し、京都で商いを続けてきたということが大きかったんだと思います。御所には皇族方がおられ、数多くの寺社もある。また、料理や茶道が京都の街を中心に発展してきたことも、幅広い需要の要因となったんでしょう」

店内には約四百種の箸が並び、素材や大きさ、塗りや蒔絵を施したものなどその種類は豊富だ。

「箸は使う人によって微妙な好みが出るものですから、できるだけ多くの中から手にとって自分に合うものを見つけてもらうのがいいんです。使い勝手だけじゃなくて見た目の好みもあるでしょうしね」

箸は様々な材木からつくられる。竹、桑、杉、栗、欅、檜、桜などその種類は実に豊富だ。製作は材木ごとに違う職方によって行われ、その上に塗りや蒔絵を施すものはまた、それぞれの専門の職方が手がける。市原平兵衛商店は、それら専門の職人に仕上がりのイメージや寸法を伝え、使い手の側にも立った質の高い箸を揃えることが最大の仕事となる。

「京都のみならず、全国の信頼できる職人さん達に恵まれていることがこの店の一番の宝ですね。製作を安心して任せられる職人さん達がいるからこそ、私達は箸の専門家として従来のものの改良や、品質の維持に集中できるんです」

それぞれの素材の特性や、使い方。時代の流れによる微妙な改良などに目を光らせ続けるためには、つくり手ではなく製作を監督す

箸を専門的に扱ってこれたのは、京都で創業し、商いを続けてきたということが大きかったんだと思います。

る立場に身を置く必要がある。このことは当代が必ず守るべき家訓として、このような言葉で市原家に伝え継がれている。

「箸を製造《つくる》べからず」

「良い箸をつくるには、その素材を知り尽くしていることが最低条件。しかし、それでは自分達でつくれるのは限られた素材のものだけになってしまいます。私達は箸の専門家としてあらゆる素材の専門の職人さん達と付き合い、こちらの描いたものを形にしてもらう。新しい箸を一からつくるときは、仕上がりに納得がいくまで三度でも四度でもやり直す覚悟ですよ。以前、輪島の職人さんに漆を百回重ね塗りした箸をお願いしたことがありました。高級漆器と同じ製法で、漆が乾く時間を入れると出来上がるまでに五年はかかる。こんな仕事ができる職人さんと一緒に箸をつくれることが、有り難いことやなあって思うんです」

市原家には「箸を製造《つくる》べからず」と並び、当代に課せられた家訓がもうひとつある。

それは、「代々、新しい箸を考案するべし」

「『なんとなく家業を引き継いでいくな』という戒めなんでしょうか。箸はシンプルなものだけに、改良を重ねていくことは難しいと思われるかもしれませんが、ひたむきに箸と向き合っていると、必ず新しいものは見えてきます。一日三度の食事に使い、ましてや使う人、使い方も千差万別なものですから」

先代である父は、百五十年ほど建材として使われてきた煤竹を使い、丈夫で、反りにくい「みやこばし」を考案した。また、従来のものよりも箸先を細く仕上げ、使いやすさにも考慮した箸となった。当代の市原さんは、先代が使った煤竹が次第に手に入りにくくなってきたこと、また、細く仕上げると、横からのしなりに弱いことを克服するため、素材にさらに強度のある三年ほどの若竹を使い、硬く、繊細な箸先を持つ「平安箸」を生み出した。

「平安箸は丈夫さ、使いやすさはもちろんのこと、竹を素材に使いながら漆の触感をしっかり残したいと考えたんです。塗りを重ねれば防水性も高くなりますしね。箸は毎日洗うものですから」

「自分が新しい箸をつくらなければいけないという重圧は、家業に入ったときから始まっていました。でも、焦ってもしょうがないことですし、最後には職人さんがいなければ形にはできません。自分なりにこの家訓の意味をしっかり理解して、箸のことを一生懸命考えていればいいかなというぐらいに思っ

店内に置かれる様々な種類の箸は、同じ素材であっても微妙な太さや感触によって少しずつ違う。使い手によって変わる持ち方や食生活などを考えれば、自分だけの箸を見つけ出す楽しみがある。

ていましたね」

　先代のみやこばしに並び、市原さんが考案した平安箸は現在の看板商品とも言える存在となった。「箸をつくるな」「新しい箸を考えろ」このふたつの厳しい家訓は、確実に市原平兵衞商店を前進させている。

「ふたつの家訓は、『箸をもっと見つめろ。ただの商いの道具にするな』ということなんでしょう。箸を扱い続けて行くうえで、ひとつの方向性を示してくれている。自分の先祖のことながら『ええこと言うてるなあ』と思いますよ。次の世代以降も、これさえしっかり守っていれば店は大丈夫なんだろうって思えます」

創業二百四十年の資産

　市原平兵衞商店に限らず、京都には様々な業種で創業数百年を数える店が数多く存在する。それらは、互いに情報交換や励まし合いをしながら古くより活発に交流を続けてきた。業種を超えたその繋がりは、市原さんにとって仕事を前進させる大きな力にもなっている。

「京都には、たくさんの目の肥えた人同士が、常に互いの仕事の質に注目し、自由に批評し合うような風土があります。そんな良い意味での緊張感の中で日々の仕事をしていると、自ずとそれに応えようと頑張ることができます。手を抜くとすぐにばれてしまいますから。私達の仕事について思ったこと、感じたことを口に出して言ってくれるお客さんや取引先、そして周囲で見守ってくれる人達が、創業以来、培ってきたこの店の一番の資産なんでしょうね」

　食生活や体型の変化に伴って、求められる箸も少しずつ変わってきた。「体が大きい方が増えたのか、

P21上：上から栗枝箸、京風もりつけ箸、黒文字箸。下右：左から紫檀箸、平安箸（白竹溜塗分）、みやこばし（ごまだけ塗）、平安箸（節付）、みやこばし（すす竹）。下左：携帯箸。

最近では少し長めの箸を求める方が多くなってきました。でも、決して主流ではないんです。お客さんによって使い方も、手の形も、見た目の好みも違う。万人に合う箸なんて有り得ないんですよ。でも、ふたつの家訓を守ることで代々それに挑戦し続けている。いつまでもできないからこそ、この商いを続ける原動力になってきたんだと思います」

「一年前に買って頂いたお客さんが、『使いやすかったよ』と言ってまた同じものを求めて下さる。そんな時が本当に嬉しいし、そこで初めてその箸が完成した喜びも味わえます。やっぱり使ってもらってこその箸ですから。それが自分が考案した箸ならなおさらですよ」

市原平兵衛商店

下京区堺町四条下ル

箸をもっと見つめろ。ただの商いの道具にするな。

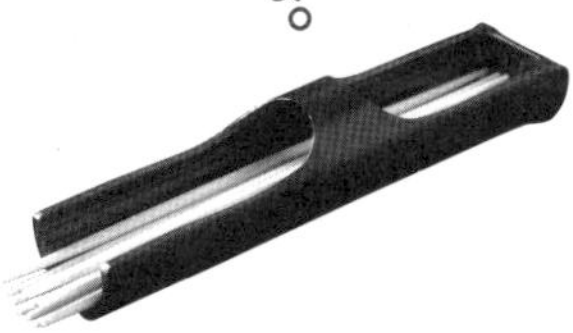

一文字屋和助《いちもんじやわすけ》

長保二年（一〇〇〇年）創業

一文字屋和助名物のあぶり餅は、今宮神社の起こりと深い縁で結ばれている。
平安時代、〝コロリ〟という疫病が蔓延し、京の町では疫神を鎮める
御霊会が盛んに行われていた。九九四年、紫野の地にも御霊会（やすらい祭）が
営まれ、今宮神社が創建。初代一文字屋和助が神社にあぶり餅を供えると、
これを持ち帰り食べる者の疫病が鎮まったという。以来、あぶり餅は評判となり、
一文字屋和助は今宮神社において門前茶屋を営むに至った。
やすらい祭は春の疫病鎮めの行事として今に受け継がれ、この時に
あぶり餅を食すると一年間は無病息災とされる。

先祖さんが良しとした人が後を継いでいくんです。

血族二十四代

神様へのお参りから、店の一日が始まる。今宮神社の門前茶屋として千年。気の遠くなるような月日には、風であり、水であり、土であり……一文字屋和助がこの地に存在する意味を、神社から享受してきたという畏怖がある。

「『お商売させていただきます』と、毎朝お参りします。お願いというよりは感謝です」と、二十四代目女将を支える長谷川千代さんは言う。祈りの背景には、冒頭で紹介した逸話がある。

「暖簾にもありますように、初代の一文字屋和助が名付けたあぶり餅は、当初は『阿ぶり餅』と漢字を使っており、いつからか読みやすいように平仮名へ変わったようです。意味は、単純に炭火であぶるということなんでしょうが、厄払いのために、悪いものをあぶり出すという思いもあると思います」

当時の様子はどうだったか。千年も前のことであるから、想像の域を出ないが、店を毎日開けているわけではなく、毎月一日、十五日の月始祭《つきなみさい》に、あぶり餅をふるまっていたのだと思われる。

「その時その時の当主が形として書いて残してくれていれば、店のことがようわかるんですが……。店を始めた頃は、参拝された方にお茶をふるまって世間話を交わすようなのどかなものだったでしょうし、戦時中は、店の中に防空壕をつくった跡が残ってますから、休業していたと思います。次の代のことを考えること自体おこがましいこととして、当主たちの思いが行けへんかったのかもしれません。一代一代、守っていく事がきっとせいいっぱいだったんでしょう」

確かなのは、一文字屋家が今宮界隈の名家として、血族を守り続けてきたことである。当主である一文字屋家の男子は、小堀遠州(1)の流れを汲む植木職人として続いているが、焼き物師であった頃もあるという。あぶり餅の茶屋を切り盛りするのは、専ら女性の仕事とされてきた。

小堀遠州(1)
こぼり・えんしゅう
(一五七九—一六四七)
安土・桃山時代の茶人、建築家、作庭家。代表作に大徳寺孤篷庵。

おくどさん(2)
京言葉でかまどのこと。

「あぶり餅は、普通のお商売とは違います。そこらへんの思いが継承されていかんと難しい。先祖さんが良しとした人が後を継いでいくんです」

命に携わる餅

おくどさん[2]でふっくらと蒸し上げたお餅を、親指ぐらいの大きさにちぎり分け、黄粉を広げたゴザの上でコロコロと転がした後、竹串に刺して炭火であぶる。香ばしい焦げ目がつくと炭火からおろし、白味噌ダレに浸して皿に盛る。夏は冷たいお番茶、冬はお煎茶と、創業以来枯れたことのない井戸水で入れたお茶とともにいただくあぶり餅は、こちらもまた創業当時から変わらない秘伝の味を一子相伝で守っている。竹は丹波、嵯峨、滋賀などから三から四年ものの真竹を取り寄せ、炭も国産を確保している。

「昔は自分のところで竹藪もありましたし、炭も焼いてやってましたけど、今はそういうのは無理になってしまいました。竹は、丸のまま持ってきてくれはります。それを割りやすいようにお水につけて、割った後は天日に干します。お天気が良かったら三、四日で済みます」

竹串の細さにまで割っていくのも、串の先を松葉のように二股に分けるため、割り切らないように寸止めで鉈を止めるのも、なかなかの職人技だ。

「これが慣れへんと怖い。スパンと手が切れることもありますから。まぁ、慣れたらね、機械で割るよりは早いと思います」

テレビや雑誌などであぶり餅が紹介されてから、毎年観光シーズンには多くの参拝客があぶり餅を求めに来る。慌ただしくあぶり餅をふるまう中、餅そのものの謂れが置き去りにされているような感覚に、ふととらわれることがある。

すべて手作業のあぶり餅

「バタバタ状態で来ていただいたお客さまにはほんとに申し訳ないと思ってます。『こんなんやったんか』って思って帰られることもあるかもしれません。お参りしてもらってから、ゆっくり立ち寄ってもらうのが本来なんですけど……」

旧家では今も、縁起物の餅として節目にあぶり餅を求めに来る。疫病から守ってくれる命を健やかに保つお餅として。

「お宮参りやったり、ご婚礼やったり、お祝いの時にあぶり餅を配らはります。お誕生日や七五三や成人式、区切り区切りに、古いお家はあぶり餅を買いに来てくれはります」

「最後にあぶり餅を食べたい」と、尋ねにくる老人がいる。人生の最後に口にする、命を安らかに終えるためのお餅として。

「今までたくさんおいしいものを食べられたでしょうに、最後にあぶり餅を選ばはる。そういう時が本来のお餅の役目なんやと思います。大事なお餅なんだと、できるだけそういう思いでお商売をさせてもらいたいです」

P28上：絶えず手を動かしながら国産の炭で餅の両面をあぶる。焦げ目をつけることでより香ばしい味わいに。下：代々使われてきたおくどさん。薪で火を起こし、餅を蒸す。
P29上：屋号は一文字屋和助だが、いつの間にか「一和」と通称で親しまれるようになった。同じくあぶり餅を売る向かいの「かざりや」は、一文字屋和助から味を伝授され、約四百年前に創業した。下：参拝の後、あぶり餅をいただきながら、座敷に腰を落ち着けて旅の疲れを癒す。

原点に立ち帰る

長谷川さんは一文字屋家当主に嫁いで以来、一文字屋家の長女に生まれ二十四代目を継いだ女将の片腕として、店を切り盛りしてきた。

「先代の義母は、九十四歳まで生きて、店を守ってくれました。義母から言われたのは、『神さんの所でこんな商売させてもろてんのは、選ばれた人間なんやで』ということ。千年続いているというプライドではなくて、選ばれてここで商売やらせてもらってるというプライドを持ちなさいと。だから、それを絶やすと大変なこと。ええかげんなことしてたらいかんなといつも思います」

支店を出してみないか、という誘いを受けることがよくある。首を縦に振ることは、今もこれからも決してないだろう。

「どっか支店だしましょ、じゃんじゃん売りまくりましょ、なんてしたら初代さんに怒られます。あぶり餅というのは今宮神社があってのあぶり餅なので、よその土地ではどうしてもあきません。ここで焼きたてを召し上がっていただくのが一番お味もいいんです」

変わらない佇まいを守り続けてきたのも、変わらない雰囲気の中であぶり餅を食べてもらうのが一番いいからだ。いつ来ても一緒で、そのままがいい。「この店だけはひとつも変わっていないね」と、常に懐かしまれる存在でありたい。ガスが無くても、薪があれば十分だ。クーラーが無くても、今宮神社から吹きわたる風は、清々しい涼を店へ運んでくる。

千年を過ぎて、長谷川さんは、「改めて今なすべきことは何か」を見つめ直してきた。出てきた答えは、「初心に立ち帰ること」。

「初代はどうやっただろうとか、こんなん思てたんとちゃうかなとか。うちはうちのやりかたっていうのに立ち帰らへんかったら、千年から次へ続いていけへんと思うんです。細々とつないでいくっていう事に戻らないとね。それが、私の仕事なんやろうと気付きました」

原点への回帰には、先祖に見守られ、背中を押されながら、店が続いてきたと感じる日々がある。自分を千年に守られた一人だと思えば、千人力の力がわいてくる。

「問題や悩みがいっぱいあって気持ちがザワザワしてる時、仏壇にお参りしますとお線香の煙が上にピューっとたって、空気が私を包み込んでくれる。そうしたら、ポロポロっと涙が出て、しょうもないことでこんなに悩んであほやなって、気持ちがすっとする。お水やったりお餅やったり、店の宝物はいっぱいありますけども、やっぱり先祖さんが見守ってくれるお徳が一番の宝物です。先代がうろうろしながらいつも守ってくれてはると思います」

一文字屋和助
北区紫野今宮町六九

うちはうちのやりかたっていうのに
立ち帰らへんかったら、千年から次へ続いていけへん。

いづ萬《いづまん》

弘化元年（一八四四年）創業

鱧《はも》と京都は縁が深い。海と距離が遠い京都にとって、
鱧は都に入ってくる数少ない魚のひとつだった。

祇園祭の頃に鱧しゃぶをいただくのが京都人の贅沢であり、
今もその頃になると、鱧しゃぶを看板にする料亭は多い。

鱧を使った料理のひとつに、かまぼこがある。

蒲鉾と言えば、スケトウダラが思い浮かぶが、京都では鱧が材料である。

仙台の笹かまぼこ、愛媛のじゃこ天という風に、その土地で取れる魚によって材料が違う
かまぼこは、新鮮な魚が手に入りにくい京都にとって、鱧が最適だった。

鱧は生命力が強く、若狭や明石の漁港から運んでも鮮度が落ちないためだ。

新橋通りにある「いづ萬」は、その鱧を使用したかまぼこをつくり続けて百六十年余り。

京都で最も古いかまぼこ屋である。

かまぼこと京都

京都ではもともと、かまぼこは高級食品として京料理の世界でも用いられ、各料亭はすり身を使って自家製のかまぼこをつくったり、しんじょうにしたりしていた。いづ萬は、そういう料亭のかまぼこづくりとすり身づくりを一手に引き受けるべく、弘化元年に創業した。創業者が出雲出身の萬助だったことから、その名が付いた。萬助は、若狭や松江、明石へ飛脚を飛ばし、新鮮な魚を手に入れるのに奔走したという。

二代目の時代には、得意先の料亭中村楼の当主からアドバイスを受けて、鱧そうめんが誕生した。そうめんのように細く切ったすり身は、ツルツルと喉ごしがよく、暑い夏を乗り切る京都の味になった。

大正末期から昭和初期になると、高級食品だったかまぼこは、一般大衆にも広く食される存在となる。主であった三代目は、いづ萬の名物でもある「東山魚餅」や、「菊花ヒロウス」など油で揚げる天ぷらを次々に生み出した。詩人としても知られており、芸術気質から、和菓子のように繊細で季節感を彩る細工かまぼこもつくられ、祝儀かまぼことしても重宝されたという。

戦後は洋食のあおりを受け、料亭におけるすり身の需要が減ってしまう。四代目は打開策として、デパートに市場を求めた。出店すると、たちまちのうちにいづ萬のかまぼこは人気を博した。いづ萬が食料品売り場の中で一番の売上げをあげた日も少なくなかったという。現当主で六代目の嘉田邦康さんがまだ小学生の時のことである。

頭を落とし、トロ箱に納められた鱧。一メートルを優に超える大物がかまぼこに用いられる。

需要の激減

いづ萬のかまぼこは、鱧とグチ、時には鱧とニベという、二種類の魚を混ぜ合わせてつくられる。京都の中央卸売市場から、明石、松江、長崎、鹿児島産の魚を仕入れている。

「鱧だけだとちょっと味が淡泊なんですね。お味噌汁も二種類合わせるとちょっと旨味が出るのと一緒。グチやニベは、旨味のある魚なんで、混ぜるとおいしいすり身になります」

鱧は骨と身に分けて、そのまま石臼の機械で練ってすり身し、グチは水に数回さらし、麻袋で水気を絞ったあと、石臼で練る。練っている間に、塩、砂糖、みりんを入れて、味付けをする。練り終わると、まな板に適量のすり身を取り、包丁で軽くまとめて、手早くかまぼこ板に乗せる。目にもとまらぬこの早業は、すり身に空気を吹き込み、ふんわりとした味わいに仕上げるという役割がある。その後、蒸す、焼く、揚げるなどの加工をして完成する。

他のかまぼこ屋も魚の種類は違えど、製法はほぼ同じだった。ところが、昭和三十年を過ぎると、かまぼこの需要を結果的に激減させることになったある出来事が起こる。

「それが開発されたことによって、みんな味が落ちた、おいしくない。今、かまぼこ業界が下火になってるのも、食文化が洋式化されたというのもあるかもしれないけれど、かまぼこがおいしくなくなったっていうのもひとつの原因ではないか」

嘉田さんのいう「それ」とは、「冷凍すり身」のことだ。

生の魚を仕入れ、魚の頭を落とし、骨と身に分け、石臼ですりつぶし、蒸すなり焼くなりするのが、本来のかまぼこのつくり方だ。「冷凍すり身」は、漁港で捕れた魚を漁港内で一気にすり身の状態に加工し、冷凍保存されたすり身のことである。かまぼこ屋としての作業であった、魚をさばき、下処理す

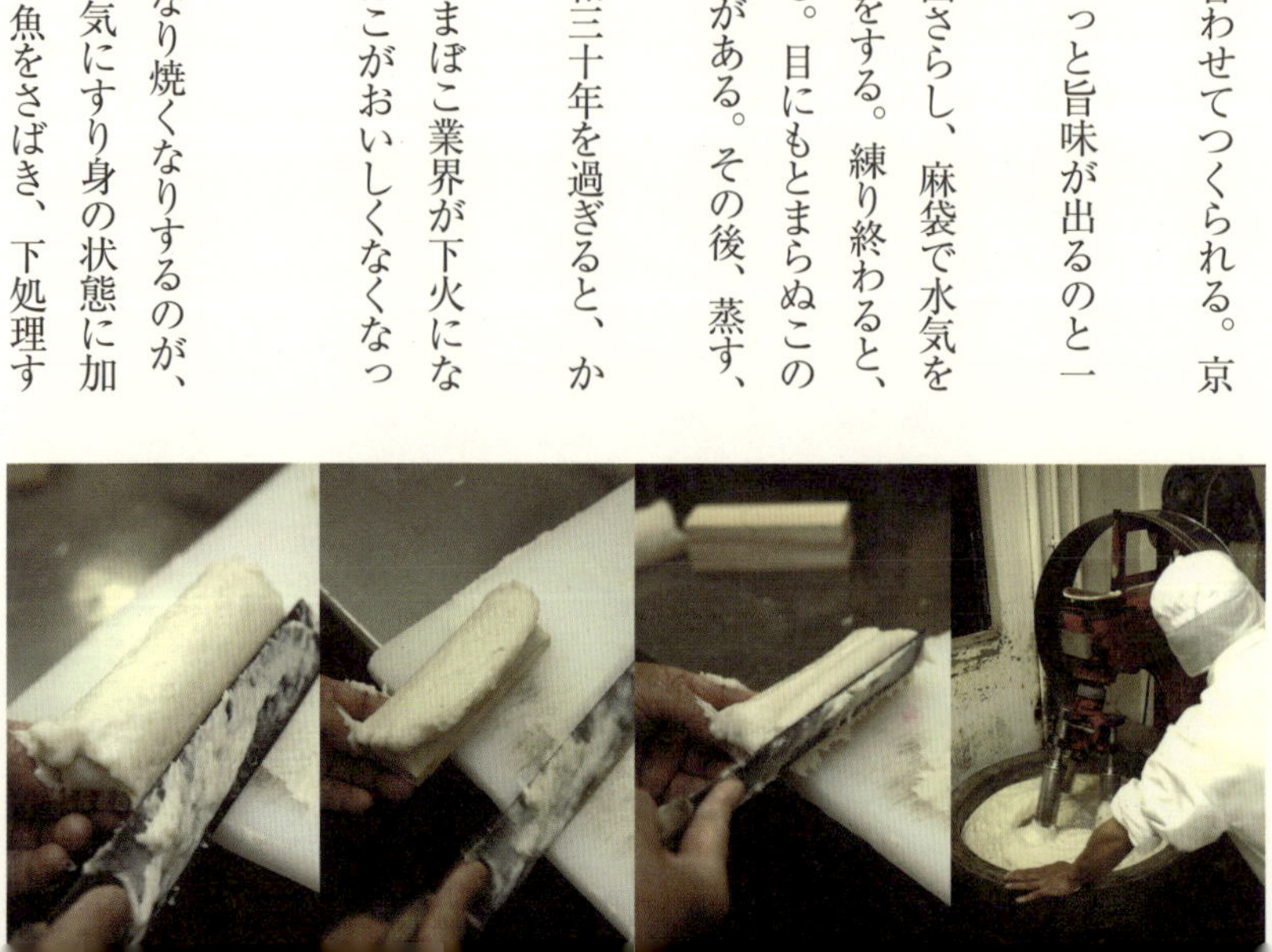

かまぼこづくりの様子

るなどの手間が省かれるため、画期的な商品として瞬く間に浸透していった。

「生の魚から始めるのが普通ですよね。でも、今九九%ぐらいのかまぼこ屋が冷凍すり身を使っている。京都でもお魚からやってんのは、うちとこと、あと一軒、二軒ぐらいでしょう。おいしかったらええかもしれませんが、食べても魚の味がしないんですよね。化学調味料の味でごまかしてるんです」

さらに、かまぼこにはつなぎの役割をする浮粉《うきこ》と呼ばれる小麦でんぷんを入れるが、わざと多く入れることですり身の部分を減らすメーカーもある。現在は、材料表示の部分に小麦の含有量の割合が表示されるようになったが、かまぼこのゴムゴムした独特の食感は浮粉の含有量が多いせいだと言える。

上：天ぷら。厚みがあり、冷めてもふわりとした食感が失われない。中：季節折々目を楽しませてくれる細工かまぼこ。下：名物の東山魚餅。蒸さずに直火で仕上げるため、歯ごたえと香ばしさが引き立つ。

「昔のかまぼこの味を知ってはる人は、『味が変わった』とよう言わはります。冷凍すり身の方が断然安いし、浮粉を入れれば安くあがるしで、売り上げと利益を優先させることに、どうしてもみんな走ってしまいます」

冷凍すり身を使用することで、どのメーカーのものを食べても同じになってしまった。それが、かまぼこの需要の減少につながっているのではないかと、嘉田さんは危惧する。

手づくりのかまぼこは、いつも同じ味に仕上げるのが難しい。それが逆に、店それぞれの味を個性的なものにしていたということもあるだろう。

「ちゃんとしたレシピがあるわけでもないんですね、その日の魚の鮮度にもよるしその日の温度、湿度によっても、多少つくり方が違ってくる。生のものを扱う以上は、良い時もあれば悪い時もあるけど、そこが職人の勘どころでもある」

味を支えるもの

いづ萬が冷凍すり身の使用に踏み切らなかったことのひとつに、料亭との取引がある。初代から築き上げた得意先であり、店が料亭から育てられてきたという思いもある。

「かまぼこっていうのは、科学的根拠はないかもしれませんが、全部機械でつくった物と、手を入れてつくった物と味に違いがでるんですね。これだけ差が出る食べ物も少ないと思うくらいです。冷凍すり身を使えば、料理屋さんから一発で『おいしくなくなった』って言われるのも、目に見えています。料理屋さんもおいしいもんをつくりたいんですよね。それには、うちのすり身がなかったらあかんとおしゃってくれてはるんで、裏切るようなことはできません」

先代の父親から言われていたことは、「味は落とすな」ということ。一度でも味を落とすようなことがあれば、取り戻すのにいくら時間を割いても、一〇〇%回復することはないからだ。

「味が落ちたって言われるのが、一番ダメ。お客さんっていうのは敏感でね、『今日ちょっと味が違う』『しょうがの数が少ない』なんて言われます。ただ、『おいしくなった』って言われると、その人は二度とうちのもんを買わないでしょう。そう言われんように、手づくりを守り続けるしかない」

かまぼこが酒の肴のような嗜好品として食されるようになり、うどんの具の一部のように、完全に食卓の主役から遠のいた現在。嘉田さんは、巻き返しをはかるべく、若者向けの商品開発などに力を注いでいる。

「やっぱりもうちょっとみんなに食べてもらいたいです。手前味噌ですけど、『日本一おいしい』って言ってくれはる人もいはるんでね。かまぼこが主役になれる日がいつかくるといいですね」

いづ萬

東山区新橋通東大路西入

手前味噌ですけど、「日本一おいしい」って言ってくれはる人もいはるんでね。

いもぼう平野家本店《いもぼうひらのやほんてん》

享保年間（一七一六〜一七三五年）創業

「出合い物」という表現がある。相性のよい組み合わせの例えで、
海老芋と棒鱈はその代表格だろう。今から三百年前、海のものと山のものが
ある人物のひらめきで出合い、「いもぼう」という料理が誕生した。
以来、変わらず京の味を引き立ててきたのだから、この上ない間柄である。

海老芋と棒鱈　出合いものの縁

いもぼうは、海老芋と棒鱈を一緒に鍋で炊く「夫婦炊き」でこそお互いの味が引き立つという相思相愛ぶりから、縁起物としてお見合いや顔合わせ、結納に食されることも多い。

「おめでたいということでね、お見合いを店でよくしていただいてます。ある時なんて、タクシーに乗りましたら、運転手さんが『お宅とこで私は見合いしましてん』と言うてはりました」

十五代目女将の北村真理子さんは嬉しそうに語ってくれた。

海老芋と棒鱈を引き合わせた人物とは、他でもない初代の平野権太夫だ。偶然乗り合わせたタクシーで、心温まる話が聞けるのも、先祖からの縁を守り続けてきたからこそだろう。

平野権太夫は享保年間、門跡寺院の粟田青蓮院に仕え、菊の栽培などの園芸に携わっていた人物だ。ある時、宮が九州行脚の折に唐の芋を持ち帰り、権太夫に託した。権太夫は早速円山の地に植えると、土壌によくなじんで上質な芋が収穫できた。形の反り返り具合や縞模様が海老に似ているから、「海老芋」と名付け、どんな料理に適しているか試行錯誤を繰り返していたところ、献上品として納められた棒鱈が御所から青蓮院へ届けられる。権太夫は、海老芋と棒鱈を試しに炊き合わせてみたところ、両者の味が際立った美味な料理に出来上がった。宮中でもその味が評判となったため、平野権太夫は、宮から「平屋家」という屋号と暇をもらい、海老芋の「いも」と棒鱈の「ぼう」をとって「いもぼう」とし、円山公園のしだれ桜のそばで店を営んだことから、平野家の歴史が始まる。

明治三十九年に店が焼失し、円山公園の北側に移転。藤の棚の近くに懐石料理中心の料亭と、いもぼうのみを売る本店を出店した。藤の棚の店は格式のある料亭として、富岡鉄斎や竹内栖鳳(1)などの文人画家に愛されていたという。

竹内栖鳳(1)
たけうち・せいほう
（一八六四―一九四二）
京都画壇を代表する日本画家。

上村松園(2)
うえむら・しょうえん
（一八七五―一九四九）
明治時代の日本画家。京都生まれ。優雅な作風の美人画で知られる。作品に「母子」「晩秋」がある。同じく日本画家の上村松篁（しょうこう）は息子、上村淳之は孫にあたる。

川端康成(3)
かわばた・やすなり
（一八九九―一九七二）
小説家。一九六八年に日本人初のノーベル文学賞を受賞。作品に『伊豆の踊子』『雪国』など。

北大路魯山人(4)
きたおおじ・ろさんじん
（一八八三―一九五九）
陶芸家、美食家。本名は房次郎（ふさじろう）。京都出身。生家は上賀茂

「栖鳳先生が店へお見えになった時、お酒を飲んでご機嫌ようなられたのか、襖いっぱい絵を描かはって。こちらも喜んでいたら、いきなり大きなバツを描いて絵を消してしまわはるんですって。あれは勿体なかったって、祖母から聞いたことがあります」

戦後はＧＨＱの接収に遭い、ダンスホールとして使用されていたという。が、またもや失火に見舞われ、現在は本店を残すのみだ。大正時代に増築はしているものの、当時からの佇まいは変わっていないという。

平野家本店も、上村松園[2]、川端康成[3]、北大路魯山人[4]、松本清張[5]などの著名人がよく通った。川端康成は『古都』で、松本清張は『顔』『球形の荒野』などの著作の重要な場面で本店を登場させている。

「うちの店は部屋の指定もありませんし、忙しい時は相席をお願いすることもありますが、先生方は、そんな店の味と雰囲気を楽しんでくださってたのかなと思います。祖父母の話では、北大路魯山人先生が春の時期に来られた時、お客さんでごった返していたので相席へ案内すると、『ええのや、これがええのや』っておっしゃったそうです」

火加減を常に調整しながら炊き上げる。

神社の社家。書と篆刻で身を立て、古美術、陶芸、料理の研究をする。

京都の旦那衆に至っては、いもぼうは朝餉の味だったという。

「店が祇園街の近くにありますやろ。そうやさかい西陣の旦那衆が祇園で遊んでから、芸妓さんらを連れて円山公園に散歩に来やはる時なんか、寄らはるのにちょうどいいんです。朝ご飯代わりに『おーい、いもぼう食べさせてんかー』て、言うて来はったら、朝の五時でも用意しとかなあかんと、祖母が言ってました。今はそんな時間には開けていませんが、昔話として聞いています」

同じ味に仕上げる工夫

平野家本店のお品書きをみると、すべていもぼうを中心として料理が展開していることに気づく。

「『いもぼうの味を壊さないようにせなあかん』ってよく祖母から聞きましたね。懐石の場合も、いもぼうの前にお刺身を出したらいけないとかね。『いもぼうの店なんやから、まずはいもぼうをお出しして、それから懐石料理をお出しせんといかん』と」

海老芋は京都や大阪から仕入れ、棒鱈は北海道稚内産のものを取り寄せている。カチカチの棒鱈を水につけて、朝晩水替えをしながら、夏だと四、五日、冬は一週間かけて戻す。水替えをしすぎると味が落ち、替えるのを怠ると魚臭さが残る。水替えの回数もその時々により難しいという。海老芋は、反り返った尾の部分を包丁で落とし、分厚く皮を剥くのがコツだ。棒鱈と海老芋を熱伝導率のよい銅鍋に移し、さっと煮たたせて灰汁を出させると、利尻昆布と鰹でとった一番だしを入れて煮る。煮上がると、薄口しょうゆと砂糖をいれて、弱火で七、八時間コトコトと煮込む。棒鱈のコラーゲンが海老芋の煮くずれを防いで、海老芋の灰汁が棒鱈を柔らかくする。

一旦味がついた頃になると、さらに火を弱めたり、消したりして、一晩かけて味をなじませていく。

松本清張（5）
まつもと・せいちょう
（一九〇九—一九九二）
小説家。一九五三年に『或る「小倉日記」伝』が第二十八回芥川賞を受賞。社会派推理小説の新分野を開拓。古代史や現代史のノンフィクションでも活躍。作品に『点と線』『眼の壁』『砂の器』『ゼロの焦点』など。

P45上右：秘伝の出汁で照り輝くいもぼう。海老芋のとろりとした食感と、箸で簡単にほぐれるほどやわらかく煮込まれた棒鱈は、まさに出合いものの味。上左：海老芋と棒鱈。海老芋は十一月、棒鱈は十二月から旬を迎える。
下：各部屋へと続く石畳の廊下は、かつての文人墨客が出入りした足音さえ聞こえそうだ。

翌朝、もう一度火にかけると、ちょうどよい食べごろの味になる。

朝一番のできたてのいもぼうは、仏さんにお供えして、女将自ら味見をするのが日課だ。

「同じ味に仕上げるのには、工夫があります。炊き上げたお鍋におだしが残りますね、それを取っておいて、次のお鍋がだんだん炊き上がって来る頃に足すんです。そうすると、海老芋と鱈に飴色の照りがでます。また炊きあがったら、そのおだしを残して、次の鍋へ足してを繰り返してますから、鰻屋さんのたれみたいに、秘伝のだしが続いているんです」

できものと店は大きくなったら潰れる

十五代目の北村さんのいもぼうを継ぐきっかけは、十三代目の祖母の存在が大きかったという。十二代目の祖父藤之介は、京都市の選挙管理委員長や裁判所の調停委員を務めるなど地域活動を中心に活躍しており、店は祖母が主に取り仕切っていた。

「祖母が、元々体が丈夫な人だったので、ありがたいことに八十代までは元気に走り回ってましたね。『おばあちゃん、お尻に重しでもくくっといたらどう』って私が言うたぐらい、よう動かはる人でした」

北村さん自身、店を継ぐことには抵抗があったという。背中を押したのは、祖母の一喝だった。

「大学卒業する頃に、お友達が就職していきますよね。『私もどっか行きたいわ』って言ったら、『そんなこといわんとちゃんと店の手伝いをおしやす』って祖母に怒られて。それから、ちゃんと手伝うようになると、祖母が一番喜んでくれましたね」

祖母のやりかたを引き継ぎながら、北村さんなりに店を変えたところもある。たとえば暖簾の長さ。だらりと長い暖簾が敷居の高さを感じさせるため、暖簾を短くした。誰もが気軽に入ってもらえるようにとの思いを込めてのことだ。

「自分なりの思いがだんだん出てくるんですよ。ただ、祖母が『できものと店は大きなったら潰れる』ってよう言うてたのは忘れたらあきまへんね」

自分の守れる範囲を守る。地方発送も支店も出さず、この円山公園の地で味が守られて初めて、いもぼうの味となる。

「全国ただ一軒まねられない料理でございますので、この味は大切にしていきたいと思います。今どきの子どもさんでもおいしいと食べてくれはります。その子供さんが大きくなられて、また来てくれはったらええなと思いますね」

いもぼう平野家本店
東山区円山公園内

北大路魯山人先生が来られた時、お客さんでごった返していたので相席へ案内すると、「ええのや、これがええのや」っておっしゃったそうです。

芸艸堂《うんそうどう》

明治二十四年（一八九一年）創業

芸艸《かほりくさ》——此艸を書籍にはさみ置と蟲が食はぬとて古来出版屋の号によしと聞く——。

芸艸とは、古来より書物に挟み虫除けとして使われてきた薬草である。
出来たばかりの出版社にとっては縁起が良いと明治の文人画家、富岡鉄斎によってその名が付けられた芸艸堂は、
明治二十四年、初代、山田直三郎が「山田芸艸堂」の名で出版業をはじめ、
後に兄弟である市次郎と金之助が経営していた「本田雲錦堂」と合併して誕生した。
そして、創業から百余年。現在では日本で唯一の手摺木版出版社である。

唯一の手摺木版出版社

木版の歴史は古く、日本最古のものでは奈良時代のものが法隆寺に残されている。その技術は江戸時代のかわら版の普及をきっかけに急速に発展を見せた。江戸の木版は、浮世絵に代表されるように複製を摺ることを目的として描かれた原画に対応する技術として発展してきたのに対し、京都の木版は既に完成した作品として描かれた絵画の完璧な複製をつくるための技術が養われてきた。その差異は摺り方に大きく現れている。量産を目的に絵の具を強く紙に擦りつけるようにして摺る江戸の木版とは違い、あくまで、原画の忠実な複製を目的としている京都の木版は絵の具を紙に優しく載せるように摺る。江戸後期から明治にかけて京都に多くの画家が集まり、優れた作品を描いたことも京都の木版技術を高める大きな要因となった。

「創業した明治から大正にかけては、それまで培われてきた日本の木版技術が花開いた時代とも言えます。今見ても彫りや摺りの技術の高さには目を見張るものがあります」。芸艸堂では最古参であり、手摺り木版の歴史を見続けてきた吉井幹雄さんはそう話す。

明治時代後期を境に、印刷の主流は当時最新のコロタイプ印刷や活版印刷に取って代わられることとなるが、それまでは木版に関わる職人の技術、需要ともに最盛期を迎えていた。

「当時、『摺り師は、バレンひとつ持ってたらお茶屋に泊まれる』と言われていました。それほど木版職人の評価は高く、またその数も非常に多かったのです」

木版を支える材料

芸艸堂には二階建ての板木蔵がある。竹内栖鳳、神坂雪佳(1)、伊藤若冲(2)、東山魁夷(3)、平山郁夫(4)、上村松

富岡鉄斎
とみおか・てっさい
（一八三六—一九二四）
明治・大正期の日本の文人画家、儒学者。京都生まれ。「万巻の書を読み、万里の道を往く」を座右の銘に、日本全国を旅しながら文人生活を送った。

神坂雪佳(1)
かみさか・せっか
（一八六六—一九四二）
明治時代の美術家。京都生まれ。美術工芸研究会の佳美会を創立するなど、工芸界の意匠発展に尽くす。

伊藤若冲(2)
いとう・じゃくちゅう
（一七一六—一八〇〇）
江戸時代後期の画家。京都生まれ。狩野派の絵師に学ぶが、その後、狩野派を超える表現を目指し、中国画の模写を営々と続けるが、同時に身の回りの野菜や草花、鳥虫類などを写生する。特に自宅の庭で飼い、観察を重ねて描いた鶏の作品は代表作が多い。

篁[5]。創業から現在までに使われてきた日本を代表する画家達の作品の版木が積まれ、その迫力に思わず圧倒されそうになる。

「たぶん、数万枚なんでしょうが正確には把握していませんね。昔の版木は彫り師の技術の高さから、今つくろうと思ってもなかなかできないものも多いんです。また、材料そのものも今はなかなかありませんし貴重なものです」

板木には桜材が使われることが多かったが、良質な桜の木が減り現在はほとんどが合板のものになったという。また、桜材を版木用に削る専門の職人もいたが、今はその数もかなり少なくなった。蔵に収められている版木たちは、そんないくつもの理由があって、本当に貴重なものなのだ。

上：木版画は色数だけ版が重ねられる。神坂雪佳画「白鷺」。中：版を彫り、摺るための道具。下：大正時代頃の店舗風景

綾

木版に使われる和紙も、専門の職人が試行錯誤の末、生み出してきたものだ。数十回、多い物では百回近く版を重ねる木版画は、画が写し出される紙に丈夫さとしなやかさが求められる。

「越前和紙の職人、人間国宝の九代目岩野市兵衛さんが木版に非常に合う紙をつくり出し、現在、木版用としてはこれが最高の紙です。色がいくつものせられた後も収縮することなくしっかりしている」

一九一六年、芸艸堂は西陣に伝わる古裂を木版画で表現した『綾錦』の刊行を開始する。この作品は当時の木版技術の集大成ともいえるもので、全十一巻は十年をかけて製作、刊行された。

「この作品は、西陣織の業界からの要請もあり、当時の最高の材料と職人を集めてつくられたようです。今はなかなかこんな贅沢な仕事はできませんね」

海外からの評価

戦時中は木版画をつくることも、売ることも思うようにいかず、それまでの在庫を処分してなんとか存続した芸艸堂だったが、戦後、景気の上昇とともに、精力的に作品を刊行していく。一九六一年の『北斎漫画』の再刊など高い木版技術に挑戦しながら近年の代表作とも言える作品を次々に発表していった。

二〇〇一年にはエルメスのカタログ「ル・モンド・エルメス」の表紙を神坂雪佳の作品が飾り、芸艸堂は版元として製作協力を行った。

「それまで日本でもあまり評価の高くなかった神坂雪佳の作品を表紙と巻頭の特集で扱いたいと連絡があったときは驚きました。世界中で三十万部のカタログだと聞いたときはもう一度驚きましたね。日本人は木版画を原画のレプリカとして、ひとつ下に見る向きがありますが、海外では木版画を独立した

P52：古谷紅麟作品集『こうりん模様』(上、中)、『精華』(下)
P53：西陣織業界の協力を得て、大正五年より刊行が開始された『綾錦』。古くより西陣に伝えられていた古代裂が当時の高い木版技術によって巧緻に再現されている。

古谷紅麟
ふるや・こうりん
（一八七五—一九一〇）
明治期の図案絵師。神坂雪佳に師事した。

東山 魁夷(3)
ひがしやま・かいい
（一九〇八—一九九九）
昭和期を代表する日本画家。約十年の歳月をかけて制作した奈良・唐招提寺御影堂障壁画が有名。

平山 郁夫(4)
ひらやま・いくお
（一九三〇—）
日本画家。仏教をテーマとした作品が多く、代表作は「仏教伝来」。「入涅槃幻想」など。

作品だと捉える考え方が主流です。神坂雪佳の作品とともに京都が育んだ木版画という文化も理解して、お話しを頂いたのは嬉しかったですね」

良い作品を見出し、質の高い物をつくり続けていれば海の向こうからでも評価はされる。芸艸堂の仕事は思わぬ方向からの評価を得た。しかし、良質な材料が次第に手に入りにくくなり、木版画に携わる職人も減少した。このことは、芸艸堂としても京都の木版文化全体としても大きな課題となっている。

「彫り師や摺り師が減っていることに伴う技術の継承も問題です。また材料では、板木に使う桜に加え摺り師が使うバレンを包む竹の皮や刷毛なども手に入れるのが年々難しくなっています。簡単なことではありませんが、これから少しでも改善していく方法を何とか考えていきたいですね。手摺木版画を扱う出版社は日本でうちだけですから」

上村 松篁(5)
うえむら・しょうこう
（一九〇二—二〇〇一）
日本画家。京都生まれ。近代美人画の大家、上村松園は母。写実に徹した花鳥画を得意とし、多くの名作を残した。

芸艸堂
中京区寺町二条南入

海外で、作品とともに京都が育んだ木版画という文化も理解して頂いたのは嬉しかったですね。

帯屋捨松《おびやすてまつ》

安政元年（一八五四年）創業

江戸後期に創業し、現在まで七代続く帯屋捨松。

高級、高品質な織物の代名詞ともいえる西陣の中で、その名前はひときわ質の高い帯の織元として知られている。帯屋捨松を代表する商品とも言える「洒落帯」は、古典や海外の図柄を大胆に意匠に使い、その独特な雰囲気は「絵画的」とも評されている。

「洒落帯と呼ばれる高級品を織りだしたのは先々代、昭和四十年頃からです。戦前は比較的安価な八寸帯を中心に、戦中は軍事奉公で軍隊の徽章を織っていたと聞いています」

帯屋捨松の七代目木村博之さんはそう話す。現在、帯屋捨松では図案意匠から機織りに至るまでを一貫して社内で行っている。戦後、細分化された分業制度が確立した西陣では、このような織元は珍しい。また、帯屋捨松では工房の職人だけではなく、営業から事務にいたるまですべての従業員が機を織ることができるという。

捨松の帯づくり

「どんな職種でも、入社したらまず機織りの練習からですね。図案を描く職人だからといってその事だけをしていては良い仕事ができません。機織りができるから図案が描ける。自分の描いた図案にある糸が、全体の組織に対してどのように織られていくか。このことを知っているというのは非常に大きいんですよ」

戦後の急速な経済成長の中で、西陣は好景気と不景気の両方を味わった。そして、現在はバブル以降の不景気から未だ抜け出せないでいる。

「『着物が売れない』と言われるようになって久しいですが、私はそんなことはないと思います。いいものをつくり、それを求めている人の元へ届ければ、必ず評価されると思う。それよりも大変なのは、織り続けていくこと。こだわった仕事をすれば、それだけ結果が出るのは遅くなります。そのスパンが、速度の早い今の経済には合わないんです。でも常に新しいものを生み出そうとしなければ技術の継承も材料の確保もできない。織屋とは、長期的に、少しずつ結果を出していく仕事なんですよ」

「手間をかけ、材料にこだわれば割りに合わない。そんなことはよくわかっているんですが」。そう言って木村さんは自社で紡いだ糸を見せてくれた。「こんなことしている織屋はもうほとんど無いんじゃないでしょうか。でも、織る柄の色数が多くなれば自然と帯は重くなってしまう。身に付けるものですから少しでも軽く仕上げないと駄目ですからね。既存の糸が重すぎるなら自分たちでつくるしかないんですよ」

ひとくちに赤と言っても千に近い種類がある西陣織。当然、色数が増えるほど配色や織りの難易度は上がる。帯屋捨松で織られる帯には、柄に深みを持たせるため、一色に見える部分でも、絵画のように

三色の糸でその色を構成することもあるのだという。「欲しい色に染めた糸で織ってしまえば簡単な事なんですが、三色の糸がつくる色が、光の加減で違った表情を見せるんです。例えば、朝と夜では雰囲気の違う帯になる。考えつく限りの工夫や努力は惜しみたくないですね」
「この仕事は登山に似ているなと思うんです。一度、頂上の風景や喜びを知ってしまったら、さらに高い山に登りたくなる。今、居る場所から次の山に登るには一度、下山しないといけませんよね。そんなクタクタの状態でまた登ることができるのは、やっぱり頂上が見たいからなんです。帯づくりも『や

り尽くした』と思うことが無いから、次に挑戦できるんだと思うんですよ」

色数の多い帯で約二百色。製作期間は二、三ヶ月かかることもある。図案や柄は、過去の見本帳の裂からヒントを得ることも多い。「これまでの捨松の仕事の蓄積は大きな資産になっていますね。昔の見本裂を見ていると『こんなことまでやってたんか』と思うような手の込んだ仕事も多い。負けてられへんなあって思うんですよ」

「手を抜こうと思えばいくらでもできる。でも、しっかり手をかけてつくられた帯にはいつまでも飽きない魅力があるんです。私達のこだわりや工夫は、ほとんどが見えない部分。それで良いんです。むしろ努力は見せず、当たり前のことだと平然としていたい。できる限り手をかけて丁寧に織れば、あとはお客さんがどう評価するか。そんな緊張感の中でする仕事は大変だけど、評価されたときのやりがいも大きい。先代からは『常に機の上でものを考えろ』と言われていました。経済効率よりもものづくりを優先させて、何が大事なことなのかを見極めることは忘れずにいたいですね」

織元として普段は消費者と直接会うことも少ないが、時折、小売店や問屋からお客さんを連れての工房見学の申し込みもあるのだという。

「いつも捨松の帯を買ってくれているお客さん達が、興味津々といった様子で機織を見ていかれます。自分達のつくった帯がこんなに愛されているんだと知って嬉しかったですね。織屋冥利に尽きます。良い帯をつくり、喜んでもらう。このために仕事をしているんだと思います」

人が財産

帯屋捨松の工房は図案や配色を行う意匠部門、織りを行う製造部門に分かれる。工房には約二十人の

P60-61：かつては織機が置かれ、日々新しい帯を生み出していた部屋には、現在も当時使われていた糸撚機などの道具が置かれている。築百年を超える店は毎朝、従業員全員で磨き、掃除を行うことが日課となっている。

職人が働いているが、その約半数は二十代という若い職人達だ。

「西陣は非常に高齢化が進んでいます。これまで、先を見据えて若い職人さんを積極的に迎えてきました。残りの半数は先代、先々代の頃からいる熟練の職人さん達です。若い人達は皆、仕事を覚えようと経験を積んだ職人さんから必死に学びながら働いています。これだけ西陣の景気が右肩下がりになっても織りや意匠の仕事がしたいと若い人が来てくれる。そして、その人達に教えることができる職人もいる。この環境があるだけでも、うちは幸せな会社やなあって思うんです」

今、二十代の職人が熟練と呼ばれるほどに経験を積むのは二十、三十年後。組織づくりも帯を織ることと同じく、すぐには結果の出ない気の長い作業だ。

帯屋捨松の工房を訪れたとき、若い女性の職人が機を挟んで年配の職人に話しかけている風景を見た。木村さんが理想として聞かせてくれた織り元の風景がそこにあった。それはまるで経糸と緯糸のように、これからの帯屋捨松を織り成していくようにも見えた。

帯屋捨松

上京区笹屋町通大宮西入桝屋町六〇九

私達のこだわりや工夫は、ほとんどが見えない部分。それで良いんです。

尾張屋

そば餅
大名物

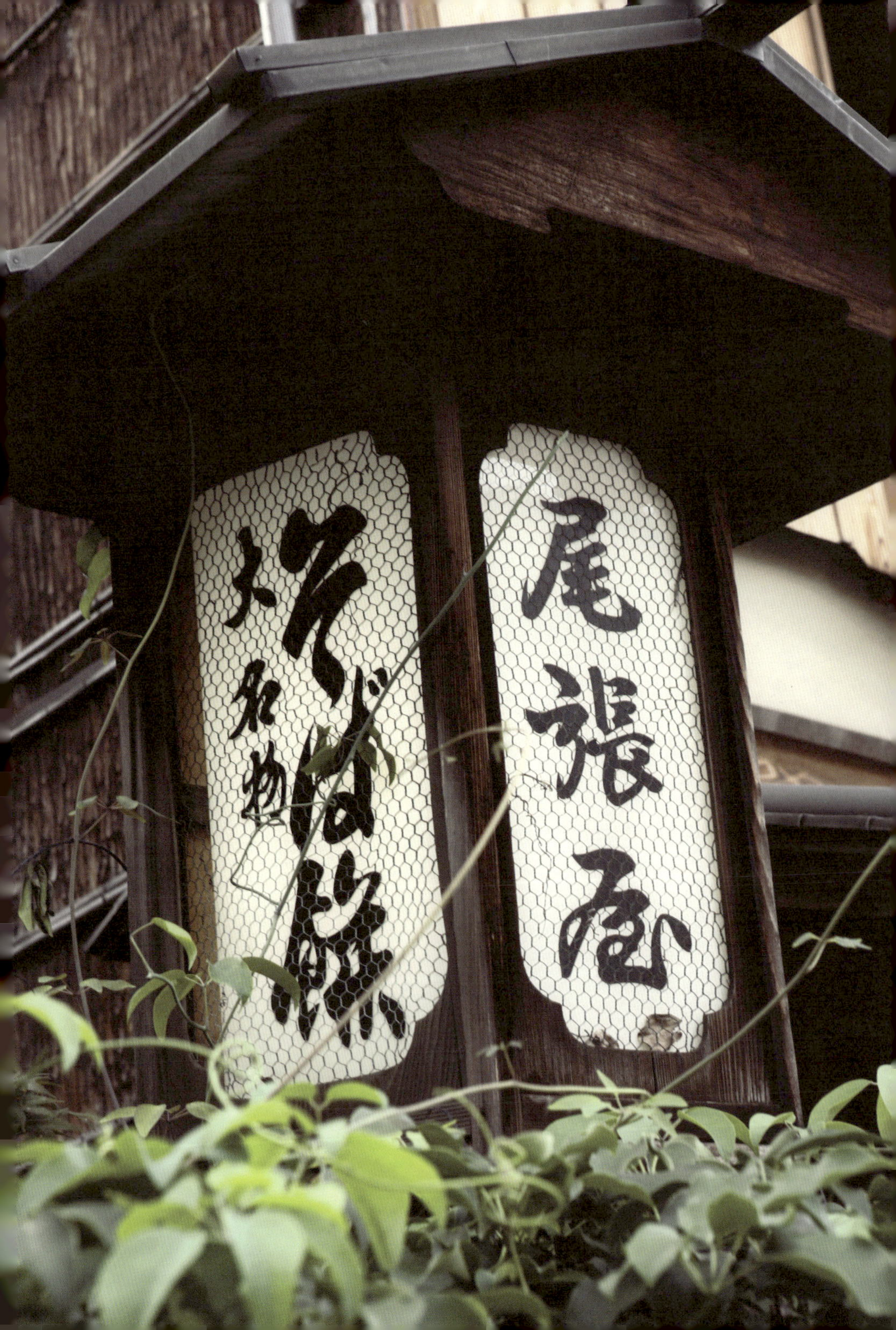

本家尾張屋《ほんけおわりや》

寛正六年（一四六五年）創業

やんごとなき御方より召されて、山鳥の尾張の国より都にまいりしは、
室町時代花の御所の時なり――。
創業五百四十年余。御蕎麦司、本家尾張屋には創業の経緯が口上書として
このように伝えられている。創業当初は、菓子職人として始まった店も蕎麦の広まりによって
そば処として姿を変えていった。その名残は、
現在も蕎麦と並ぶ名物のそば餅や、そばぼうるなどに残されている。

菓子から蕎麦へ

現在の当主は十五代、稲岡傳左衛門さん。代々、襲名される傳左衛門としては十五代目となるが、創業より六代まではこの名前は襲名されなかったため、尾張屋の主人としては数えて二十一代目となる。

「多分、傳左衛門の名前を使いだした頃に店が菓子から蕎麦へと転換したんでしょう。時代で言えば元禄時代です。それまでは一部の禅寺で食べられている程度だった蕎麦が、ちょうどその頃に一般化し急速に広まったんでしょうね」

鎌倉時代に禅僧が中国から持ち帰り伝わったとされる蕎麦は、まだ麺が一般的な食文化に無かった時代、菓子職人にその製造を依頼されるのが常だった。「当時は、水で粉をこねて食べ物をつくるのは菓子職人ぐらいだったんでしょう。菓子づくりのかたわら、注文があれば蕎麦をつくり、お寺からはお坊さんが重箱を持って受け取りに来られていたそうです。菓子屋は、今で言う製麺所の役割もこなしていたんですね」

その後、蕎麦は日本の食文化の一部となり、一般に広く楽しまれるようになる。尾張屋は菓子をつくることをやめ、蕎麦を本業として歩み出し、江戸時代には宮中へ蕎麦を納める御用蕎麦司を務めるようになる。

「蕎麦とともに、ふたたび菓子をつくるようになったのは明治時代に入ってからのことです。創業の精神に帰ろうと、先々代が蕎麦粉を使った菓子を考案し、つくり始めたんです」

稲岡さんは大学卒業後、食品関係の会社へ就職し、そこで製造の現場から品質管理までを学んだ。二年後に家へ戻り家業に入ることとなるが、当時、現役だった先代である父はあまり仕事のことについて細かく言うことは無かったという。

P67：厨房では蒸気釜を使って蕎麦が湯がかれている。そのため、一般的な蕎麦店と違い厨房は驚くほど涼しい。

「父から『ああしろ、こうしろ』と言われたことはあまりありませんでしたね。私は父が二十歳の時の子供なので、あまり年が離れていないというのも大きかったのかもしれません。店を継ぐことに関しては『真面目につくり、儲けは少なく、より多くのお客様に食べていただくこと。良い意味での薄利多売をしなさい』と言われたことはよく覚えていますね」

豊富な地下水

京都には豊富な地下水脈があり、その水量は琵琶湖に匹敵するとも言われている。また、四方を山に囲まれた地形であるため水が循環し、常に綺麗な水が地下に蓄えられている。この地下水は、友禅染や清酒など京都の産業の多くを支えてきた。当然、尾張屋の蕎麦が出す独特の風味にも大きく関係している。

「蕎麦を打つのも、湯がくのも、洗うのにも、だしを取るのもすべて汲み上げた地下水を使っています。硬度五十度の軟水は利尻昆布の味が最も出やすい水質なんです。この水のおかげで、毎日安定した味で蕎麦づくりができます。京都が出汁の文化と言われるのもきっと、このまろやかな、柔らかい地下水のおかげなんでしょうね」

尾張屋の看板とも言える「宝来そば」。

豊かな地下水は、蕎麦餅の餡づくりにも使われ、まさに尾張屋の味の中軸となっていると言える。デパートの催事など、短期間、店を離れる必要がある際には、事前に必ずその土地の水を取り寄せて、尾張屋の水質とどのような違いがあるかを調べるのだという。この調査は、実際の口に入れて感じる違いを確認するだけではなく、専門の検査機関にも成分検査を依頼し、硬度や塩素の含有量を調べるほど徹底したものだ。尾張屋の地下水と大きく違う水質であれば、出店先に浄水器や軟水器を持ち込み、水質の調整を行った水を調理に使うという。

「熟練の職人が、いくら良い材料を使っても水が合わなければ、おいしい蕎麦にはなりません。せっかく食べに来て下さるお客さんに、どこで食べても同じ尾張屋の味を提供したい。『本店じゃないからおいしくない』なんて絶対言われたくないんですよ」

また、蕎麦が盛られる器にも尾張屋の工夫を見ることができる。先代が考案した、名物「宝来そば」には京漆器の名店、象彦のわりごが使われているが、木地と塗りの薄い京漆器では一日に三回、多い時には五回使うこともある蕎麦の器としては耐えることができない。そこで、意匠だけを残し、器そのものの製作は蕎麦道具を専門とする江戸漆器の職人に依頼しているという。

「ひと月に数回、使用することを前提につくられている京漆器は美しく、優美ですが、一日に何度も水をくぐらせる蕎麦屋には少し不向きでした。現在は丈夫さを優先した器を蕎麦道具屋さんに依頼して製作してもらっています。しかし、蕎麦の器をつくる職人さんも昔に比べて減ってしまい、年々、調達が難しくなっているんです。今後は、何らかのかたちでその職人さん達をサポートできればと思っています。それも私達の仕事のひとつだと思うんです」

変化を続けて

尾張屋の調理場では、ガス釜ではなく蒸気釜が使われていた。他の蕎麦店ではあまり見ることの無い光景である。

「蒸気釜を使っているのは、同業でも珍しいんじゃないでしょうか。蒸気は熱効率に優れていますので、短時間かつ高温で湯がくことができます。腰のある蕎麦をつくるには欠かせません」また、ガス釜に比べ放熱の少ない蒸気釜は調理場全体の温度低下にもつながり、そこで働く従業員の仕事環境の改善にも大きく貢献している。

「より良く変化していくことには貪欲でありたい。そうして変え続けていくことが伝統を守り続けることに繋がっていくんだと思うんです。古いことに固執しているばかりでは、店はなかなか続いていくものではありません。今の姿も、時代に合わせて改良を重ね、次世代に継承してきた結果だと思うんですよ」

本家 尾張屋

中京区車屋町通二条下ル

より良く変化していくことには貪欲でありたい。

かづら清老舗《かづらせいろうほ》

慶応元年（一八六五年）創業

祇園、八坂神社石段下。四条通に面したこの店を訪れたのは
その年の椿油の予約受付が始まる日だった。開店直後にもかかわらず、ひっきりなしに鳴る電話に、
一年間この日を心待ちにしていた人がいかに多いかをあらためて知らされた。

かづら清老舗。かんざし、かづら、かもじ、椿油など女性の髪を彩る頭飾品の専門店だ。

その創業のきっかけは、初代清三郎が両替商を営むかたわら、寺町六角に経営していた芝居小屋「東向き」にある。
いつの頃からか、その芝居小屋の隣で出演する役者のためのかづらやかもじの扱いもはじめたことが、現在のかづら清の原形となった。
南座を残すのみとなった京都の芝居小屋だが、江戸時代には四条界隈を中心に数軒の小屋が建ち並び、
芝居目当ての客で連日の賑わいを見せていたという。初代清三郎は、本業の両替商や芝居小屋を廃業したあとも
頭飾品の扱いを続け、自身の名から一字を付けたかづら清老舗が誕生する。

芝居小屋のかづら

現在の当主は、五代目の霜降茂央さん。先代の娘でもある夫人の富紀子さんと二人三脚で店を守っている。富紀子さんにお話をうかがった。

現在は祇園に店を構えるが、創業当時は四条河原町で営業していたという。「昭和十年に起こった豪雨による鴨川の氾濫で、大きな被害を受けて現在の場所に移転したんです。この水害で、地下室に保管されていた創業以来の貴重な資料や商品の多くを失ってしまいました」

女性の日本髪が主流だった頃とは変わり、現在は櫛、かんざしや、帯留めやオリジナルアクセサリーなどの和小物が主な取り扱い商品となった。中でも椿油は長崎県五島で栽培から搾油までを徹底した自社管理で行い、オレイン酸を豊富に含んだ百％純粋のものを毎年つくり続け、多くの利用者から高い評価を得ている。

しかし、生活必需品ではない頭飾品は、かつて厳しい時代もあったのだという。「戦中、戦後はうちの商売にとっても非常に苦しいものだったと聞いています。日本中が食べることに必死だったときに、かんざしなどの贅沢品が必要とされるわけもありませんものね。店に並べる商品もままならいような状態で、商品があっても手にとってももらえない。今となっては笑い話ですが、あるとき、店の看板を読み間違えて『かぶら漬けおくれやす』と入ってきた方もいたそうです」

老舗
かづら清

かづら清老舗は戦後、厳しい時代に我慢を続けながら先代を中心に復興を目指し、櫛やかんざし、椿油などの主力商品の生産体制を徐々に整えてきたのだという。

かづら清好み

仏師として、薬師寺から号を授かった程の技術を持っていた先代は、その技と知識を活かして自らも商品の製作に積極的に携わった。

高度経済成長期の波に押され、伝統的な技術を持つ職人が少しずつ減少していく中、漆工芸の一大産地、加賀に工房を設けて塗りや蒔絵の職人を集め、より質の高い櫛やかんざしの製作を目指そうと奔走した。また、その頃、安定供給の難しかった国産の椿油の生産を危ぶみ、長崎県五島列島に自生する椿の原生林を自社椿園として計画的に栽培することにも着手する。

「それまで『椿油は伊豆大島』と言われ、他の地域での生産は商業的に非常に難しいとされていました。この店でも五島に工場を持つまでは、伊豆大島の搾油工場に商品の好みを伝え、製造は任せるしかない状態でした。父は、より完全な『かづら清好み』をかたちにするため、五島の藪椿を栽培から搾油まで自社で管理できるようにと考えたのです」

当時の五島列島には島全体を覆うほどの藪椿が自生していたが、島の人間が自分たちのために油を絞ることを除き、ほぼ手付かずの状態で防風林としての役割を果たすのみであった。質の高い椿油をつくるための作業は、まず、土地を整備し、隙間無く自生していた椿を間引くことからのスタートだったという。

「自社で椿油の製造を始めた当初は、なかなか思うようなものが出来ず、悩むことも多かったようで

素材や意匠など「かづら清好み」が随所に散りばめられた櫛やかんざし。季節ごとの商品や、柄の受注生産なども行っている。

す。しかし、次第に現地の職人さんとの信頼関係も築き上げ、ゆっくりではありましたが椿油づくりが動き始めました。良質な油を絞るための椿は、栽培に三十年はかかります。当時、父が蒔いてくれた種は、今、良質な椿油として実を結んでいます」

五島でつくられる椿油は、椿の実をひとつずつ手でもぎとられ、天日干しをした実を炒る「炒り絞り」という製法によってつくられる。また、通常は漉し布だけで行う濾過に加え、粗さの違う二種類の和紙による工程も加えられている。この丁寧過ぎるともいえる製法は、先代の失敗の連続から生まれた賜なのだろう。

「当時の父は試行錯誤の連続だったんだと思います。その頃の商品を今見てみるとおかしなものもたくさんありますから。きっと自分の納得のいく『かづら清好み』を必死に探していたんでしょう。子供の頃を思い出しても父が家にいた記憶はほとんどありません。現場志向だった父は、店を母に任せてずっと加賀の工房や五島の工場に泊まり込みで製造現場にいました。本当に必死だったんでしょう。そのおかげで現在、私達が思い描いたものをかたちにできる環境があります。だから、父には感謝してもしきれないんです」

かづら清のこれから

現在は、当主の茂央氏が先代の仕事を受け継ぎ、商品の製造・管理や経営全般を行い、妻の富紀子さんは櫛やかんざしのデザインと本店の運営を行っている。「父と母と同じように、私達夫婦も役割分担がはっきりしていますね。私は店に立つことが多い分、お客様と直接やりとりをすることが多いです。お客様は舞妓さんから、一般の方までさまざま。でも、『祇園のかづら清』だからと特別な思いを持って商品を求めていただいているのは、どの方にもすごく感じます」

かづら清では、これまで築き上げてきた商品の製法を活かしながら、今の時代に合わせた商品展開も積極的に行っている。椿油を使ったシャンプーやコンディショナー、ローションや、古典の中に新しい素材やデザインを取り入れた創作かんざしなどがそれにあたる。

「これから、時代が変わり、扱う商品が移り変わっても代々続く『かづら清好み』を宿した商品をつくり続けていきたいという思いは変わりません。そのために、なるべくつくり手の職人さん達と連携して常にいいものづくりをしていきたいですね。百四十年続いてきたからといっても、一年、手を抜いただけでこれまでの信頼はすべて失いますから。『本物をしっかり見極めて、本物だけをお客様に提供し続けること』父や母から受け継いだ考え方ですが、これからもこのことを大事に受け継いでいきたい。シンプルなだけに一番難しいことなんですけどね」

かづら清老舗

東山区四条通祇園町北側二八五

本物をしっかり見極めて、本物だけをお客様に提供し続けること。これからもこのことを大事に受け継いでいきたい。

文化三年（一八〇六年）創業

かま八老舗《かまはちろうほ》

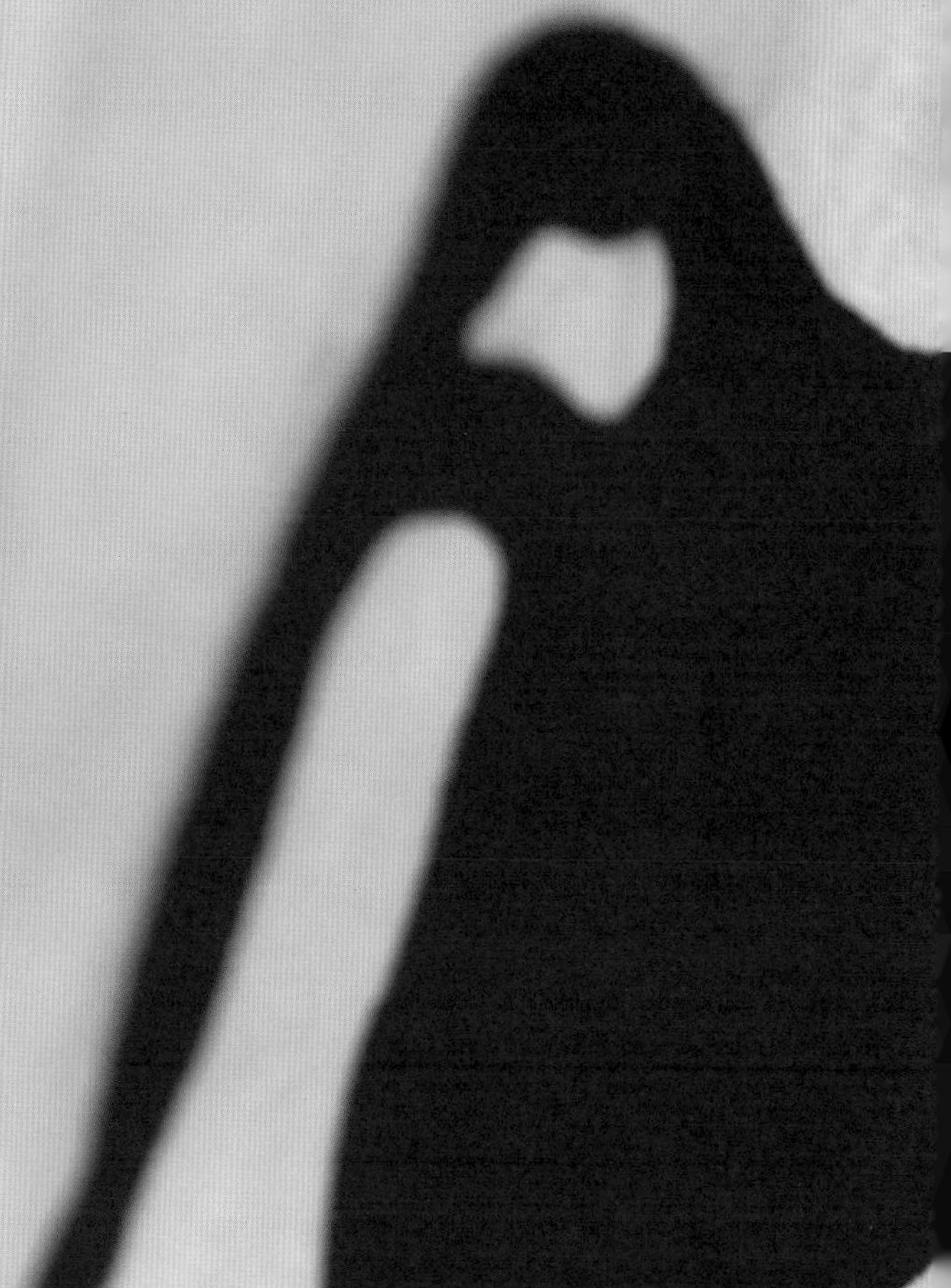

五辻浄福寺。西陣織の織元が軒を連ねるこの街に、
地元の人達から「どらやきやさん」と愛され、親しまれている店がある。
かま八老舗の初代は茶釜の販売を営む家から分家独立し、
大宮寺之内で和菓子屋を創業した。店名は本家が扱っていた茶釜にちなんで
名付けられ、その名残は店で一番古い菓子「茶釜もなか」に今も残る。

洋菓子から和菓子へ

かま八老舗の六代目、岡本隆史さんは、高校卒業後、家業に入る前に洋菓子店で修業していたことがある。「子供の頃からしょっちゅう家の手伝いをしていて、うちの仕事のことは大体わかってたからね。その代わり、家の仕事以外のことを全く知らんかったから、外に行くのも修業やなと。洋菓子にも興味はあったし、修業を終えて家の仕事に戻ったときに活かせるもんがあるんやないかと思って近くの洋菓子屋さんに行かせてもらっていたんです。それに、和菓子やったらいつでもできるって思っていましたからね」。しかし、先代である父が病気で倒れ、岡本さんは一年で家業に戻らざるをえなくなる。「急なことでびっくりしましたけど、仕方ないですよね。いつかは戻らないといけないんだから。それからは、店を出ることなく今に至りますわ」

和菓子のことは父から学ぶつもりにしていたため、つてを頼り、知り合いの和菓子屋へと通いの修業に行くようになる。「午前中はうちの仕事をして、午後からは修業に通わせてもらっていました。幸い母がこの家で生まれ育ち、仕事のこともほとんどできるので随分と助けられましたね」通いの修業は三年ほど続き、その間、母は、父の頭の中にだけ記されていた数多くの菓子の製法を聞き書きするために、病院へ通う日が続いた。「まさか急に倒れるとは本人も周りも考えてなかったですからね。親父は普段、勘や経験で仕事していましたし、つくり方を書いて残すなんてことは一切してませんでしたから。私も母も、普段つくるような菓子は大丈夫としても、季節のものや行事に必要なお菓子のことがわからなくて。柏餅や月見団子、水無月。和菓子屋の仕事は年に一回、一日だけ必要になるお菓子が数えきれんほどあるんですわ」

猫の耳

現在、かま八老舗の看板商品とも言えるのが、どらやき「月心」だ。粒餡を、生姜を練り込んだ二つ折りの生地で包んだこの菓子は、先代、先々代が試行錯誤してつくり出してきたものだという。「祖父が三笠の生地に直接、生姜砂糖を塗って、中に白小豆の餡をくるんだ菓子を考えたのが最初のようです。生地の端をつまんで閉じた形から『猫の耳』と名付けていたと聞いています。それを親父が、薄い半月方の生地に少し多めにした餡をくるみ、皮に生姜を練り込むように改良して現在のかたちになったんです」。皮の表面に塗っていた生姜砂糖を、皮に練り込むようにしたのは、皮の表面の熱で砂糖が溶けて

しまうためだ。先代、先々代がより良いものをつくろうと模索した結果が「猫の耳」から「月心」を生んだ。

かま八老舗では、現在は月心を中心とした焼き菓子を主に扱っているが、先代の頃までは生菓子や干菓子、羊羹やせんべいなどおよそ和菓子と呼ばれるものはほとんど扱うほど、菓子の種類は豊富だったという。「親父の頃までは、和菓子なら大抵のものはつくっていました。僕の代になってから、月心を中心とした焼き菓子と、少しの季節のものだけを残してあとは全部やめたんです。種類が多ければ、仕入れや作業の効率も良くないし、賞味期限の問題もある。もう、どらやきやさんになろう、と」

ただ、岡本さんの代になってから新たに生まれた菓子もある。洋菓子店で修業した経験を活かしてつくられたカステラが新しくかま八老舗の商品に加わった。生地の中に黒豆を練り込むなど、和菓子屋ら

P84上：粒餡に細かく砕いた栗を混ぜ、独特の風味を持つ焼饅頭「京北山」。下：「茶釜もなか」は茶釜を商っていた頃の名残り。皮が茶釜をかたどっている。創業当時から扱う最も古い菓子だ。

P85：かま八老舗の看板商品ともいえる西陣どらやき「月心」。岡本さんの祖父が考案した「猫の耳」を三代にわたり工夫を重ねて現在のかたちになった。

しい工夫もされている。現在はハーフサイズで売られているこのカステラだが、発売当初は倍の大きさでつくられていたという。「あるお客さんがいつも『こんなにぎょうさん食べられへん。この半分で売るようにしいや』と」言っていたんです。あんまり言うもんやから、一度そうしてみようかなとハーフサイズにしたのが始まりですね。今は、家族も少ないですから食べきれるこの大きさがちょうどいいんでしょう。以前よりも好評です」

店内には、かつて使われていた押し菓子用の木型や抜き型が今も残されている。つくる菓子が減り、使う道具も変わった。先代の頃に比べ製法には変化はないのだろうか。

「親父の跡を継いでから、つくり方や味の事なんかも自分なりに色々と工夫してやってみたんですけど、結局、昔からのやり方に戻りました。お菓子は手を加えたら加えるほど味が落ちる。つくるときはサッと。これが一番いいですね」

材料の小豆は、その年の質や生産量によって丹波、北海道、岡山、滋賀などの産地のものを毎年使い分ける。「小豆は一年ごとに大きく出来が違うんです。収穫の時期にあたる九月に台風が来て、全く量が無くなってしまう年もある。生産量や質が安定しないから、その年によって産地を変えざるをえないんです。自然のものやから仕方ないんやけどね」

時代の変化

三代目が現在の地へ店を移転してきた明治時代、西陣のメイン通りとも言える千本通が京都で一、二を争う繁華街として連日の賑わいを見せていた。また、西陣織の好景気は昭和の終わり頃まで続き、通りからは機織の音がいつも聞こえていた。

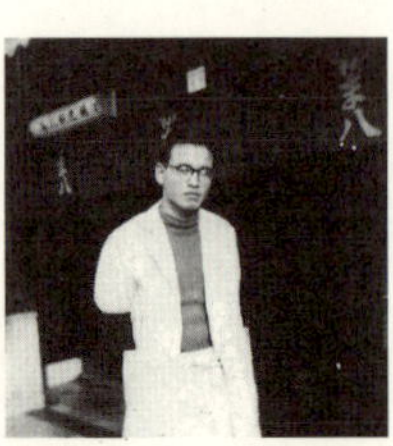

先代　博二氏

先々代　益雄氏

「昔は法事や贈答用などで買って行かれるお客さんがほとんどでしたね。お茶菓子として使うにしても家族が多かったですから二十個、三十個単位が普通でした。西陣も景気が良かったし、織屋さんに進物として使ってもらうこともよくありました」

以前に比べると、西陣の街は織元が激減し、代わりにマンションが建ち並ぶようになった。そのマンションに住む核家族や単身者が増え、街の風景も、そこで暮らす人達も大きく変わった。

「昔のように箱詰めで買っていくお客さんがいなくなった代わりに、今は、若い子がひとりでやってきて『どら焼きちょうだい』ってひとつ買って行ってくれるんです。コンビニに行けばうちの半分の値段のものが売っているのに、『かま八のどらやきが食べたい』とわざわざうちの店に来てくれる。今はこれが嬉しいんですよ」

かま八老舗

上京区五辻通浄福寺西入一色町一二

昔からのやり方に戻りました。お菓子は手を加えたら加えるほど味が落ちる。つくるときはサッと。

弘化二年（一八四五年）創業

紙司柿本《かみじかきもと》

六一〇年、高句麗の僧、曇徴により日本に製紙術が伝わった。七〇一年には
大宝律令のもと図書寮が国におかれ、文書の保管と国史を記録するための紙がつくられた。
平安時代には、打雲、墨流しといった和歌をつづる美しい紙がつくられ、
贈り物を紙で包む文化が誕生。紙を折って物を包む方法は、後に折り紙へと発展した。
鎌倉時代には障子紙が発明され、室町時代は、美濃で紙を売買する市がたった。
江戸時代になると、紙が庶民の間にも浸透し、和紙のカタログ本「新選紙鑑」が出版されるなど
流通が盛んになる。が、明治七年、洋紙の機械生産が開始され、
明治三十六年頃には、洋紙が和紙の生産量を上回った。
現在、国内の紙生産量において和紙は一%に満たない。が、歴史を見ていくと、
折り紙にしろ白障子にしろ、和紙こそが日本の文化を創造してきたことは言うまでもない。

和紙専門店を創業地に開店

「紙屋として、日本の伝統文化を現代にどういう風に残していくかを模索していきたい」

寺町二条の紙司柿本五代目当主、柿本新也さんは話す。和紙問屋として創業してから一六〇年余りが経ち、事業の九割が洋紙販売に変わってしまった今も、創業地の寺町二条は和紙専門の店を構えている。

紙司柿本は江戸中期、もともと「竹屋長兵衛」の屋号で竹問屋を営んでいた。「竹屋が何代続いてたかちょっとよくわかんないんですけれど。宝暦以前くらいからじゃないかなと思います」

江戸末期、当時の主、竹屋長兵衛は子宝に恵まれず、丹後の親戚から金蔵という男子を養子として迎え入れた。金蔵は斬新な発想の持ち主で、店周辺に竹屋が林立するのを見て「町内みんなで竹屋をしていても知恵がない」と、紙屋への転向を決めた。これが弘化二年のことで、紙司柿本としての創業年となっている。

金蔵はその後、四十歳の若さで他界してしまい、妻志げ《しげ》が金蔵に代わって、紙屋を継承した。志げは非常に才媛で、柿本の礎を築き、八十一歳の長寿で他界するまで、柿本の切り盛りをしていた。人力車に乗り集金に行くなどハイカラな女性だった。洋紙を取り入れ始めたのは、二代目の乙五郎の時代からだ。乙五郎は長きにわたり紙商組合の理事長の職を務め、家庭裁判所の調停委員など公職の多くに携わっていた。

「板紙を中心に仕入れていました。反物を入れる通缶や荷具のためであったり、上製本の中に使うためであったり、いろんな使われ方をし始めていた頃です。生活の時代背景がその時の紙を反映してるっていうことなんですよね。和紙問屋でやっていましたが、この時から洋紙の時代に入っていくわけです」

三代目藤治郎、四代目新太郎と時を経るにつれ、柿本の洋紙へのシフトは進み、現代の五代目になると洋紙が圧倒的な位置を占めていく。

「洋紙は何十万種類とあります。毎年、真新しい紙が増えていきますし、取引する量も多く、まさしくt《トン》数商売です」

当地で紙問屋として始めた創業当時の店舗から、一般顧客ニーズに対応したスタイルの店舗へ変貌し、一方、広さと大きさが要求される洋紙部門に対応するために、名神南インターチェンジ近くに新しい倉庫を設けたり、営業部を移動するなど、洋紙ビジネスを主柱とした展開を行っている。

昭和五十一年、寺町二条の創業地を和紙専門店として改装し、一般客向けに開放した。背景には、創業地を残す目的と、和紙文化を提案していきたいという思いがある。

「この地で、紙屋として創業したという事実を記憶として残すことが使命です。広く一般の人に紙を販売することで、それを感じてほしいんです」

この地で、紙屋として創業したという事実を記憶として残すことが使命です。広く一般の人に紙を販売することで、それを感じてほしいんです。

店では、黒谷、美濃、阿波、越前といった全国各地の手漉き和紙から、インクジェットプリンタに対応した和紙、手染めのレターセットや懐紙、ペーパーナフキンまで、和紙を素材としたオリジナル商品が揃う。

「枚数商売の和紙屋は、現代の紙の問屋とはちょっと違う世界です。現在の商売とマッチしているかどうかはわかりませんが、この世界で残してくれと言う人が多いんですよ」

素材としての和紙を提案する

開店当初は五代目も、和紙が本当に売れるのか気がかりだったという。和紙が千年の風雪に耐え、強度も耐水性も洋紙より優れていても、手漉き和紙業者がピーク時の〇・六%と激減している状況を見れ

P92上：ペーパーナフキン。食卓を彩るだけでなく、ラッピングにも用いることができる。下：季節ごとに趣を変えるオリジナル手染便箋。顔彩と胡粉を材料に、友禅の「型染」という技法を用いて、一枚一枚染められる。
P93：モダンな文様が印象的な型染紙。友禅染に用いられる柄を和紙で染めたもので、種類も豊富にある。

ば、一般の需要はほとんど無いと考えても仕方がない。「和紙の産地自体もどんどん衰退していきます。その中で、和紙の産地がどうやって生き残っていこうかという模索は和紙の産地なりにしている。我々としては、それをどういう風に一般の消費者に伝え、和紙の購入につなげるかを考えなければなりませんでした。そこで、生活の中の和みや温もりをどう演出するかを目的として和紙を使う提案を試みたんです」

この五代目と悦子夫人の提案は、成功を収めることになる。お土産物として手漉き和紙を買い求める客が増えていくと同時に、生活文具用に和紙を購入する客も現れるようになったのだ。

「素材と完成品の対比をすることで、お客さんが『自分でもこういうものをつくれる』という気持ちを抱くようになる。そうすると、素材も売れるようになり、和紙そのものにも目がいくんです」

最近では、和紙を照明のシェードに使用したり、ランチョンマットにしてテーブルコーディネートに利用するなど、和紙を普段使いに活用する日本人が増えたという。店に建築家やインテリアコーディネーターが訪れたり、ラッピング用に和紙を選ぶ女性の姿を見かけたりすることは、確実に和紙に対する意識が変わってきた証拠でもある。

「昔は、絵柄がきれいな和紙が飛ぶように売れていました。でも、今は需要の形態が変わってきました。生活雑貨というか、日常の中で手軽に紙を使いこなせる人が増えてきたという、そういう背景があるのかもしれません。これからも、和の文化と自分の生活が密接につながるようなものを提案していけるといいですね」

そんな和紙の使い方が、一過性のものであるかどうかはわからない。が、大切なのは、めまぐるしく変わる時代の中で、和紙が生き残る方法を柿本が提案し続けることだ。

「時代とともに紙は変化しますが、その変化が現代はとてつもなく早い。流行のサイクルも短くなってきたんですよね。昔は割とゆっくりとした感覚で物事を考える人が多かったんですが、今は、お客さんのニーズの変化が早い。人の噂は七十五日ってゆうたけど、今、そんなに噂ももたないでしょ。その時間の速さにも対応していかないといけません」

紙を通して文化を創造する——。紙司柿本のスローガンには、挑戦者としての意思が深く刻まれる。

「和紙の感触っていいですよね。利用としては確かに減ってるんだけども、素材としては残しておきたくなるんですよね。じゃあ、どう残していく価値があるのか、というところです。それには、この店に来た時に、なんか夢があるな、楽しいなって思ってもらえる店をつくることだと思います。できるだけ、日本の伝統的な文化のものをどういう風にして、今にアレンジして伝えていくかということを模索していかないといけないですね」

紙司柿本

中京区寺町通二条上ル

紙屋として、日本の伝統文化を現代に どういう風に残していくかを模索していきたい。

御粽司《おんちまきし》
川端道喜《かわばたどうき》
文亀三年（一五〇三年）創業

古くは平安時代の『伊勢物語』にも登場する粽は、
中国春秋時代の詩人、屈原が亡国を憂い入水し、
それを憐れんだ人々が水辺の草で米を包んで水中に投じて
供養したことが起こりとされている。また、この故事から
粽は邪気を払い厄除けの効果があるとされ、
その名残は日本にも端午の節句とともに今に残る。
川端道喜の初代は武野紹鷗から千利休とともに茶の湯を学んだと伝えられ、
本業の餅屋を営む一方で、国学に長じた文人でもあった。創業間もない頃、吉野より宮中に
献上された葛を使った菓子を命じられた初代道喜は、葛を長時間熱し、冷ました後に
鞍馬の笹で包む粽を考案した。これが後に「御所粽」、「道喜粽」と呼ばれる粽の原形となり
以来、今日まで五百年もの間、川端道喜の代名詞ともいえる看板になっていく。

三百五十年続いた御朝物

「当時は葛はまだあまり一般的な食べ物ではなかったようですし、初代道喜は随分悩んで考案したのではないでしょうか。鞍馬の笹はその香りだけではなく抗菌作用も高いので保存が効いたことも非常に喜ばれたと伝わっています」。川端さんはそう話す。

また、当時は長年続いた戦乱によって宮中の財政が非常に窮乏した時代でもあり、内裏では日々の食物にも困窮することがあった。このことを見かねた初代道喜は、「御朝物《おあさもの》」と呼ばれた塩餡でくるんだ餅を毎朝宮中へ献じるようになった。この習慣は明治時代、東京遷都で明治天皇が京都を離れるその前日まで、約三百五十年もの間、一日も欠かすことなく続けられることとなった。毎朝道喜が御朝物を届けるために通った門は「道喜門」として現在も京都御所に残されている。

「御唐櫃《おからひつ》に御朝物を入れて、毎朝御所へ通う道喜の姿は京の名物行事にもなり、その様子を見物する人までいたそうです。江戸時代以降は宮中の財政も安定し、実際に食べられることは無くなり、「朝餉《あさがれい》の儀」として続け

熊笹は抗菌作用に優れ、古来より食物の保存に珍重されてきた。

られたそうです。東京へ行幸される最後の朝には、明治天皇よりこれまでの働きに対する感謝のお言葉と金杯、銀杯を賜りました」

この御朝物の様子は、川端家の歴史を記した『家の鏡』にも詳細に残され、宮中御用菓子の製法を記録した『御用記』などとともに「川端家文書　百余点」として京都市の有形文化財の指定も受けている。

明治遷都を機に多くの店が東京へ移る中、川端道喜は京都に残り、代々伝わる粽と茶事に使われる菓子をつくることを選んだ。

「利休さんの時代の茶事記録『利休百会記』が店に残されていますが、これには当時の茶会についてのことが詳細に記されています。その文章や材料から当時の姿を想像し、つくることも多いんです。その頃に茶事で好まれた「ふのやき」という菓子が記録に残っていましたが、記されているのは材料のみでその形は書かれていません。でも、記録の中で「一巻、二巻」と数えられていたので、おそらく巻物の形をしていたんじゃないかと考え、そのように復刻しました」

笹で包んだ粽を巻く藺殻も笹同様、年々手に入りにくくなっている。

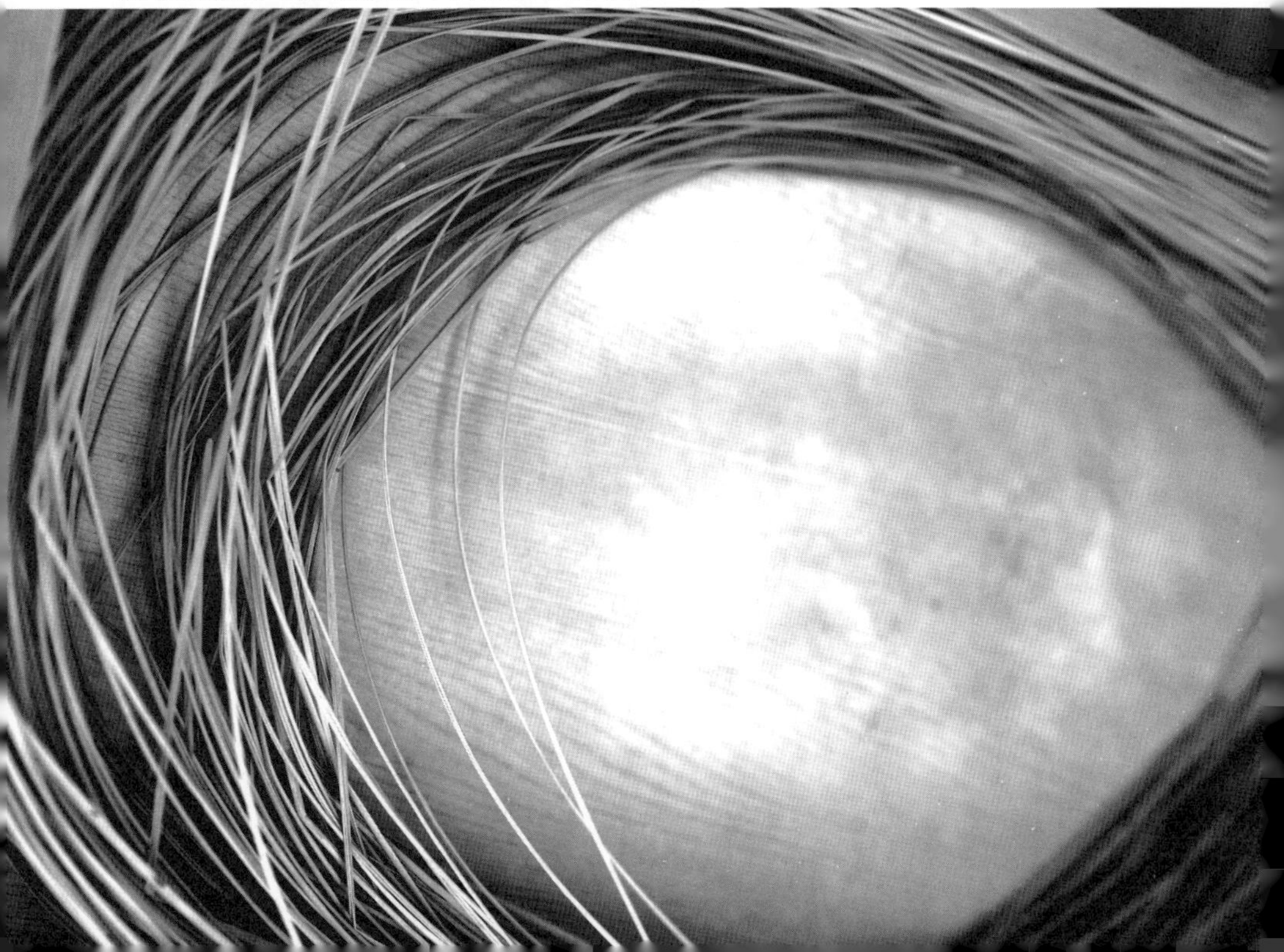

都

良質な材料を

川端道喜の粽づくりにおいて、最も重要なのが材料の確保だ。竹は約四十年に一度、周期的に花を咲かせ、花が咲く年とその前後二、三年間ほどは多くの笹が枯死してしまう。この現象は、その周期などにおいてまだ研究の余地があるとされているが、ほぼ全国で同時に発生し、特にその香り高さから京都洛北の笹にこだわって使い続けてきた川端道喜にとっては死活問題だ。「道喜粽の材料は吉野葛、砂糖、水、笹の葉のみです。洛北の笹が持つ香りや抗菌性は数少ない重要な要素ですから、笹が手に入りにくい年はつくれる粽の数もかなり限られてしまいます。また包んだ笹を巻く藺殼《いがら》も手に入りにくくなっていますね」

竹の花が咲かない年においても、笹の刈り手の高齢化や地球温暖化の影響、山に増えた鹿が笹を餌として食べてしまうなど、洛北の良質な笹は年々手に入りにくくなってきているのだという。

また、他の多くの粽と違い葛を蒸さずに湯がいてつくる道喜粽は水も重要な材料のひとつだ。川端道喜では現在、葛と同じ吉野の天然水を運び使っている。吉野葛は生産者によって微妙に違う特徴を活かして少しずつ混ぜて使うのだという。

「初代道喜の頃と比べて変わったことと言えば、火を起こす薪がガスになったことぐらいでしょうか。材料も道具もすごくシンプルですから、その分、手間は惜しめないですね」

期待に応えるために

現在、川端道喜でつくられるのは粽に加え、季節の菓子と茶道家元に納めている菓子のみだ。良質な材料の確保も困難ながら、丁寧な手仕事を信条としているため、一つひとつの菓子の質を維持するため

P100：吉野より宮中に献上された葛を使い、初代道喜が考案した粽。製法・材料は当時から変わっていない。
P101：川端家の歴史が描かれた『家の鏡』は九代目道喜が江戸後期につくらせたもの。仕立てに使われている葵の紋の入った裂地は徳川家康の孫、東福門院和子中宮より贈られたものとされる。

屈原
くつげん
（前三四三―前二七八）
中国戦国時代の楚国の政治家、詩人。春秋戦国時代を代表する詩人。秦の謀略を見抜き、踊らされようとする懐王を必死で諌めたが、受け入れられず、楚の将来に絶望して入水自殺した。

千利休
せんのりきゅう
（一五二二―一五九一）
安土桃山時代の茶人。武野紹鷗に学び、織田信長、豊臣秀吉の茶頭となり、

には量産は不可能となる。

「笹や葛など良いものが用意できなければ、お客さんをお待たせすることもありますし、幅広く菓子を揃えて提供することもなかなかできません。こんなやり方は、大量に生産し、多様な需要に応えられる現代には合わないのかもしれないと考えることもありますが、これまで代々続けてきたことの重さを思えば、質の高い材料を丁寧な手仕事でつくるやり方でしか、川端道喜が菓子づくりを続ける意味が無いと思うんです。それに、幸か不幸か手の抜き方を知りませんから、店を続けていく以上は、仕事を楽にこなす逃げ道が無いんですよ」

「お客さんの中には、『昔食べた味がどうしても忘れられなくて』と遠方から訪ねて来て頂く方や『家族が亡くなる前に、大好きだった粽を食べさせてあげたい』と来られる方がいます。自分の店のことながら、そんなに愛されている川端道喜はやっぱり良いなと思うんですよ」

わび茶を大成させる。秀吉の命により切腹。

武野紹鷗
たけの・じょうおう
（一五〇二—一五五五）
堺の豪商、茶人。三条西実隆に和歌・連歌を、茶の湯を村田珠光の門人村田宗珠らに学ぶ。珠光のわび茶を広めた。門人に千利休、今井宗久らがいる。

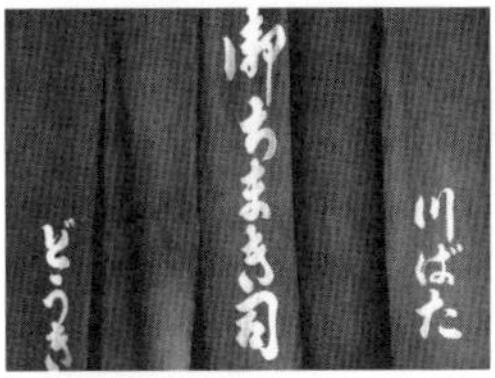

御粽司 川端道喜
左京区下鴨南野々神町二ノ一二

これまで代々続けてきたことの重さを思えば、質の高い材料を丁寧な手仕事でつくるやり方でしか、菓子づくりを続ける意味が無い。

菊一文字《きくいちもんじ》

明治九年（一八七六年）創業

名刀「菊一文字」。
鎌倉時代、後鳥羽上皇の御鍛冶番を務めた一文字派の刀工、則宗が
その作に菊紋を入れることを許されたということからその名がついたという。その謂われから七百年余が経つ。
京都河原町三条、打刃物専門店、菊一文字は、堺で幕末まで刀鍛冶をしていたが、
明治の廃刀令をきっかけに、京都に移り料理用、工匠用刃物の製作と販売を始め、
伝えられる刀匠菊一文字の名を屋号として創業した。すべての刃物には
菊一文字の名と共に鍛冶の紋とも言われるクツワ印が刻まれ、
それを登録商標として、品質の証としてきた。

參華關丈芳喇治

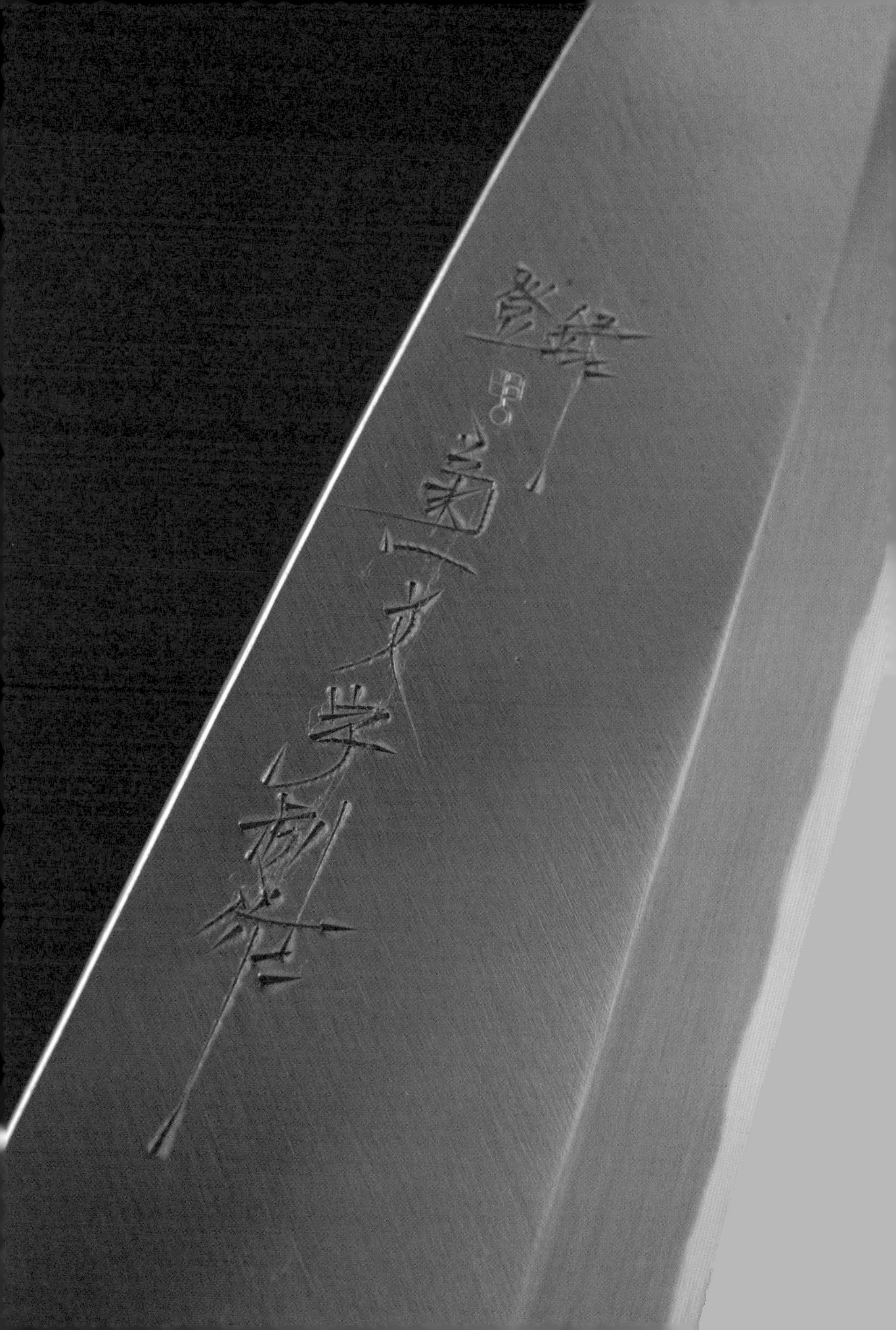

菊の紋とクツワ印

菊一文字は堺から移り京都に店を構えた頃から販売に専念し、堺の鍛冶師に材料となる鋼や刃物の意匠を提供しながら様々な刃物を揃えてきた。戦時中には、軍隊に刀を納める一方、包丁など刃物全般を扱い、戦後は東京神田にも支店を置き、より広く刃物を取り扱うようになる。

菊一文字は、昭和四十年代に続けて二度も火災に遭っている。同じ並びにあった店から出火し、アーケードで屋根が連なっているため、延焼したのだ。「幸い二度とも深夜に起こったこともあり、店の者には被害はありませんでしたが、消火の水で店に陳列していた刃物の大半が駄目になってしまいました。一度に商品を無くし、あの時は本当に大変でしたね。流石に二度目の時には、消防署の方も少し放水の角度には気を遣ってくれているようでした」と泉富久子さんは当時を振り返る。この二度の火事では刃物以外にも、創業時の資料を多く焼失してしまうこととなる。

明治時代の頃につくられた看板。この頃から既に海外の刃物を意識した商品づくりが行われていた。
現在の店に加え、当時四条にあった店舗の住所も刻まれている。

職人の刃物

店内には包丁をはじめ、鋏、鉈、彫刻刀、ナイフなどあらゆる刃物が並べられる。それらの多くは現在も、刀匠の技術を活かしてつくられたものだ。料理、建築、表具、織物など、京都の文化を支え続けてきた多くの技術は質の高い刃物無くしては現在の発展は遂げられなかった。菊一文字の歴史は京都の匠の歴史でもある。

「料理人や職人のお客さんは、毎日研いで、本当に小さくなってしまうまで使われるので、買い換えの周期は最低でも十年です。特に修業中の若い方は、次々に道具を買うわけにもいかず、本当に大事に使ってもらっているのがよくわかります。だから、こちらも常に最高のものを用意していなければと思うんです」

菊一文字の商品群は、創業以来減ることなく増え続けているという。「包丁や鋏、鑿《のみ》など基本的な形の刃物に加えて、お客さんの要望を取り入れて少しずつ形の違うものをつくってきましたので、刃物は増える一方なんです。創業当初から考えると随分増えていると思います」。また、自分で図面を引き、大きさから材質までを注文する客も多いのだという。

「職人さんの道具はほとんどがオーダーメイドですね。刃の厚

店内には包丁の他にも鑿や鉈、裁ち鋏、花鋏など京都の工芸と文化を支え続けてきた刃物が揃う。

さや柄の長さなどを書いて持ってこられる方もおられます。当然、注文を受けてから製作することになりますが、そういった仕事に応じることができる刃物職人がいるからこそお受けできる注文です」

現在、菊一文字の刃物づくりを支える刃物職人の減少が大きな悩みとなっている。「他の伝統工芸と同じく、後継者不足が深刻ですね。鍛冶の仕事は本当に辛く大変なもんですから。でも、最近、少し若い方がこういった仕事に興味を持ってもらえているみたいで嬉しいんですね」

時代の変化とともに海外からの客も急速に増えるようになった。

「海外のお客さんは刃物のことに研究熱心な人が多く、質問攻めになることもあります。自分で研いだり、メンテナンスされる方も多いようです」

刺身に代表されるように、切った食材の断面も目で楽しむ日本と、飾り付けで美しく見せる海外とでは包丁の用途には大きな違いが出る。また、鋼を鍛えて刃物とする和包丁に対しステンレスを中心とした合金でつくる洋包丁の違いは大きい。菊一文字ではこれら両方の長所を取り入れたものにも挑戦している。

「従来の和包丁にステンレスと合金を鍛接し、錆びにくく、切れ味の良い包丁をつくっています。海外からのお客さんの好みに合わせて、柄の材質に鹿の角などを使ったりもしています。つくる技術は昔と変わらず、少しずつこうして時代に合わせたものをつくっていきたいですね」

生活の道具

菊一文字の刃物は仕事用や一般家庭用に加え、仏事やお歳暮などの贈答用や婚礼祝いなどに贈られることも多いという。「一般に、結婚などの祝い事に刃物を贈るのは『縁を切る』といって縁起が良くないことと思われていますが、それは昭和の初期に言葉遊びが流行った時に広まったものだそうです。結婚式のケーキ入刀、テープカットに鋏が使われるように、昔から日本を含めて世界中で『運を切り開く』という意味でお祝いの場で使われてきたものなんですよ」

創業以来、多くの料理人や職人を支え続けてきた菊一文字だが、一方で刃物は生活に欠かせない道具でもある。

「これだけ長く店を続けていると、三代、四代とお付き合いが続くお客さんもおられますね。結婚するからと包丁を買いに来てくれたお客さんが『おばあちゃんから、菊一文字さんで用意してもらいなさいと言われて』ということも珍しくありません。長く可愛がってくれるお客さんと、良い刃物をつくり続けてくれる職人さん達。うちの店が続いているのもこの両方の支えがあってこそなんですわ」

菊一文字

中京区河原町三条西入ル

長く可愛がってくれるお客さんと、良い刃物をつくり続けてくれる職人さん達。両方の支えがあってこそなんですわ。

鳩居堂《きゅうきょどう》

寛文三年（一六六三年）創業

源頼朝に仕え、一ノ谷の戦いで平敦盛を討った熊谷直実を祖に持つ鳩居堂は、その直実から数えて二十代目、熊谷直心が本能寺の門前で薬種商を開いたことに始まる。屋号は儒学者、室鳩巣によって中国の詩「維鵲巣有、維鳩居之（カササギの巣に託卵する鳩を指して、店はお客様のものという意）」から名付けられた。また、この屋号は直実が軍功により頼朝から拝領し、代々、熊谷家の家紋として使われていた「向かい鳩」の紋にちなんだものでもある。

向かい鳩

薬種商として始まった鳩居堂だが、四代目の頃には薬と材料を同じくする薫香の製造や、筆、墨、紙、硯などの文房四宝の取り扱いも行うようになり、次第に現在の営業形態を形づくるようになる。また、文房四宝を扱うことから各時代を代表する学者、文士と多く交流し、特に江戸時代後期の儒学者、頼山陽[1]からは文房商品の改良から、その思想まで大きな影響を受けた。

また、薬の扱いから医学も修めていた四代目、直恭は幕末に起こった飢饉に際し、栄養摂取の心得を自費で木版で摺り配布し、京都にコレラが流行した際には感染者隔離のための『病人世話場』の建設なども行う。直恭の息子、直孝は維新後、日本で最初の小学校開校に奔走するなど、維新前後の鳩居堂当主は社会活動を精力的に行っている。

「国の動乱期だったということもあるでしょうが、奉仕活動や、地域社会への貢献に対する想いが強かったようです。いろんな活動を通じてできた様々な人との交わりが、現在の鳩居堂をつくったのでしょう」京都鳩居堂十一代目、熊谷純三さんはそう話す。

会社は世間からの預かりもんやと思っています。

明治十年には、八代目直行が三条実美[2]公から同家に九百年間、秘伝として伝えられてきた宮中御用の『合わせ香』の製法を伝授される。以来、この製法は一子相伝として代々鳩居堂の当主に伝えられている。また明治十三年、八

熊谷直実
くまがい・なおざね
（一一四一—一二〇七）
平安時代末期から鎌倉時代初期の武士。『平家物語』では平敦盛を討ったことで殺生の虚しさに気付き、出家したと述べられているが、実際には叔父との領地争いに敗れたためとも言われる。

室鳩巣
むろ・きゅうそう
（一六五八—一七三四）
江戸時代中期の儒学者。木下順庵の門下となり、新井白石の推挙で、幕府の儒学者となる。徳川家宣、家継、吉宗の三代に仕え、吉宗期には享保の改革を補佐する。著作に『五常名義』『五倫名義』『駿台雑話』等。

代直行は東京遷都の後を追って銀座に支店をつくった。京都鳩居堂、東京鳩居堂と分かれる現在の体制はこのときにできたものだ。

老舗の遺伝子

「会社は世間からの預かりもんやと思っています。だから、私の仕事はお客さんの求めるものを提供すること。社員が働きやすい環境をつくること。これだけです」。熊谷さんは鳩居堂の社長としての役割をそう話す。

現在、鳩居堂の取扱商品は薫香や筆、墨、硯、和紙などの文房四宝を中心に和紙を使った便箋や葉書、和小物など非常に幅広く、その商品群は一万点を超える。特に香は三条家より伝えられた『六種の薫物』をはじめ、煉香や印香、線香などを自社で製造を行い、香

鳩居

荷葉
千種
梅花
菊花
落葉

道の場から茶事、一般家庭用まで広い範囲で使えるものが用意されている。

伝統を踏襲しながらも、次々と新しい企画商品を世に生み出してきた鳩居堂。三百年以上続く老舗の当代として、創業から代々積み重ねられてきた重みを意識することはないのだろうか。

「普段は伝統や歴史といったものはほとんど意識することはありませんね。でも、何かを選択するとき、無意識のうちに遺伝子に従っているのかもしれません。これまでに先祖達がしてきた『正しいことの基準』が拠り所になっているのかもしれないと感じることはあります」

次の時代へ

鳩居堂が香を製造する工房は、寺町通りを挟んだ店の真向かいにあった。内部には東南アジアを中心に取り寄せられた伽羅、沈香、白檀、丁字などの香木が置かれ、それぞれが独特の香りを放っている。この工房で京都、東京両店に置かれるすべての香が製造される。製造工程では原材料となる香木の保管などには空調管理が行われ、機械工程で品質の安定化を図るとともに、数種の香木の微妙な香りを調合し、ひとつの香りにまとめ上げていくその繊細な作業は調香師の手仕事によって行われている。

「香木は自然のものですから、香りを安定させるのは調香師の経験と技術ですね。また、機械に任せられる部分は機械化し、効率化を進めてきました。香づくりは見かけによらず、激しく重労働ですので作業中の怪我が無いようにすることだけは気を付けていますね。これが一番の心配かもしれない。工房での仕事に限ったことではありませんが、もし、何かあればすぐに改善できるように準備を整えておく。結局、老舗といってもこういった地道なことの積み重ねではないでしょうか」

三条家より伝えられた秘伝の香、香道文化、文房四宝にまつわる文運。これまで長い時間をかけて培

P116上：九百年間にわたって三条家の秘伝とされていた宮中の名香「六種の薫物」。「黒方」「梅花」「荷葉」「菊花」「落葉」「侍従」の六種から成り、様々な天然香料を煉り合わせ調香することによってつくられる。現在も唯一の伝承者としてその製法が鳩居堂当主に伝え続けられている。下：筆は数百種類が揃えられ、より良い使い勝手を求めて改良も繰り返されている。P117上：店内に掲げられる中国の学者、羅振玉の揮毫による看板。下右：頼山陽と交流のあった時代と変わらず文房四宝は豊富に揃えられている。

頼山陽(1)
らい・さんよう
(一七八〇—一八三二)
江戸時代の歴史家、漢詩人、陽明学者。列伝体で書かれた歴史書『日本外史』全二十二巻を著作。美術の分野でも能書家として著名。絵画についても「耶馬渓図巻」などの優れた水墨画をのこす。

三条実美(2)
さんじょう・さねとみ

われてきた鳩居堂の文化を次世代に継承していくことは並大抵のことではない。

「家訓というようなものは伝えられてはいませんが、過去に鳩居堂の当主が行ってきた様々な社会活動は、この店の意識を非常によく表していると思いますね。今後も何か社会に対し、還元できることがあれば積極的に行っていきたいとは考えています。仕事をしているときは、まるで十歳の子供のように、いつも次の日の事ばかり考えています。何十年、何百年先のことはわかりません。『何を変えるか、何を変えずに残していくか』それにいつも悩まされています。それが私の一番大きな仕事なのかもしれませんね」

（一八三七―一八九一）幕末・明治の公卿、政治家。八月十八日の政変により朝廷を追放されるが、王政復古で復帰。太政大臣を務める（内閣制度の発足により太政大臣が廃止されたため、史上最後の太政大臣となった）。

京都 鳩居堂

中京区寺町姉小路上ル下本能寺前町五二〇

何かを選択するとき、これまでに先祖達がしてきた「正しいことの基準」が拠り所になっているのかもしれない。

彩雲堂《さいうんどう》

明治初期（一八八〇年頃）創業

京都には画家のみならず画材屋から「絵描きさん」と呼ばれる職業が数多ある。
染織や美術工芸品の図案家であれ、陶器や扇子などの絵付け師であれ、
画材屋からすれば、絵筆と絵具を使わねば成り立たない職人はみな「絵描きさん」なのだ。
彼らの道具を一手に引き受けるのが画材屋の仕事であるからなのだろう。
明治初期に創業した彩雲堂は、その絵描き達を支えて百余年が経つ。
初代はもともと「いせや」という工房で働いていた蒔絵師であり、
後に分家して画材屋へと転向したという。最初は材料問屋として始めたが、
研究熱心な性格から自ら絵具をもつくりだすようになる。
当初は「いせや」として創業したであろう屋号が、富岡鉄斎によって「彩雲堂」という絶妙に美しい
名前へ改められたことからも、初代の絵具が画家達からいかに支持を得ていたかが窺える。
雲の水滴で日光が回折し、雲の縁が桃色、緑へと美しく彩られる現象「彩雲」は、
光の反射や透過によって識別される色を扱う店にいかにもふさわしい。

平筆
山馬 各種
羊毛 刷毛
羊毛 連筆
山馬刷毛

独学でつくりだした絵具

「昔の絵描きさんは、材料を問屋で仕入れて自分で絵具をつくっていたそうですから、材料問屋が絵具を作る必要はなかったんですね。にもかかわらず、初代はつくり始めている。おそらく、周りの絵師さんに教えてもらいながら独学でつくったんでしょう。新しいもの好きのようで、外国から入ってきた材料にいち早く飛びついて、色数をどんどん増やしていっているのも古い記録から見受けられます」と四代目の藤本築男さんは話す。

大正の終わりから昭和前期は、彩雲堂の絵具が最も色数の多い時代だったという。明治十三年に京都府立画学校が創設されて以降、京都に画家を志す若者が続々と集まり、大正七年には国画会が結成されるなど、京都画壇が活気に溢れていた時期だ。

「製造記録をみると、二百色以上ありました。今は半分の百ちょっとですから、原料がいかに多くあったかがわかります。京都府画学校が指導の立場として画家だけでなく、京都の伝統産業にも人材を送りこんでいたので、つくり手のレベルもどんどん上がっていた時代だったんでしょう」

だが、戦争が始まると同時に絵具の製造は休止。戦後を迎えても需要が回復せず、なかなか苦境からは抜け出せなかったという。店だけでは一家を支えられなかったため、藤本さんの父親はやむなく公務員として働きに出て、店は祖父と母親で細々と守り続けていた。

「僕の記憶では、特需景気とか神武景気とか景気が良い時期も、絵具屋は関係なかったですね。みんな食べることに必死で、画家からサラリーマンに転向したり、美術学校は最少人数しか受け入れられなかったり、工芸関係は復興の一番最後でした。ようやく落ち着いてきたのは、戦争が終わって十七、八年経ってからですね」

藤本さんが家業に携わるようになったのも、ちょうどその頃からだ。

「別に継ぐと決意表明したわけでもないし、継ぐことで威張れることも胸を張れるようなこともひとつもないですけどね。家の中で毎日絵具づくりの音を聞いていたり見ていたりすると、自然にそれが馴染むようになってくるんです。そういう空気が私にとって大切だったんだと思います」

絵筆と絵具

彩雲堂で扱う絵具は、水干絵具（泥絵具）、岩絵具、水絵具（顔彩）の三種類。いずれも天然の鉱物や石、土、植物、動物から成るが、中には生成度合いによって三種類の性質を持つ優れた原料もある。

水干絵具は半透明の色をしており、下地塗りや仕上げに適している。膠で溶いて使い、混色が容易にできるのが特徴だ。岩絵具は、天然の鉱物を細かく砕いて粒子化したもので、膠を混ぜて使う。粒子が荒ければ荒いほど色が濃くなり、細かければ細かいほど淡くなるなど、粒子の粗さで分けられている。極細と極荒でもわずか一二〇ミクロン程度の差でありながら、職人の目と手の感覚で十四ものレベルに生成される。水絵具は、原料と膠を練ったものを皿に入れ乾燥させた状態で売られている。水を混ぜて使えるので、写生などに使用するのに便利だ。

彩雲堂ではこれらの絵具の精製の仕方を一子相伝で受け継いでいる。

「天然ものゆえに失くなってしまったり、品質が変わってしまっているものもあります。産地が違えば同じ鉱物でも違いますので、

家の中で毎日絵具づくりの音を聞いていたり見ていたりすると、自然にそれが馴染むようになってくるんです。そういう空気が私にとって大切だったんだと思います。

原料に合わせてつくらねばなりません」

もう一つ、絵具と同様に重要なのが絵筆だ。日本で絵筆がつくられるようになったのは明治以降だという。それまでは中国製がほとんどだった。筆の材料となる原毛が国内で入手できなかったからだ。明治になり中国から原毛が入ってくると、画家や筆職人、画材屋らの研究によって筆づくりが一気に進む。それぞれに適した筆を求め書筆と絵筆が分けられ、さらに土佐派、岸派、四条派、円山派と流派によって使い分けがなされるようになる。竹内栖鳳、橋本関雪[1]らに至ってはオリジナルの筆を使用するというこだわりぶりだ。

彩雲堂では、各流派の絵筆を店頭で扱っている。円山派の絵筆を置いているところは多いが、岸派、四条派まで揃う画材屋は京都では彩雲堂くらいだろう。制作は、京都府長岡京市の三代続く筆職人、家形一雄さんに依頼している。

家形さんを訪ねると、工房には、狸、鼬、サンバー、白猫、馬など、さまざまな動物の毛が新聞紙にくるまれた状態で置かれていた。そのまま十年ほど寝かすのだという。

「自然に油と余分な毛が抜けるのを待つんです。無理に抜いたら、毛が傷みます。自然に抜いた方が毛の強さが保たれるんですよね」

工程はすべて手作業で行われる。用途に応じて原料の毛を選び、金櫛で何度もといて綿毛を取り除き、最大五種類の動物の毛を各流派の調合具合で混ぜ合わせて布海苔で接着し、筆の形に穂先を整えて、筆軸の竹筒に納めるまで、二十工程近くを経て完成にこぎつける。

「毛を選んでいく時が一番気を遣います。目分量で配合具合を調整していくのですが、この工程が筆の良し悪しを決めるのです」

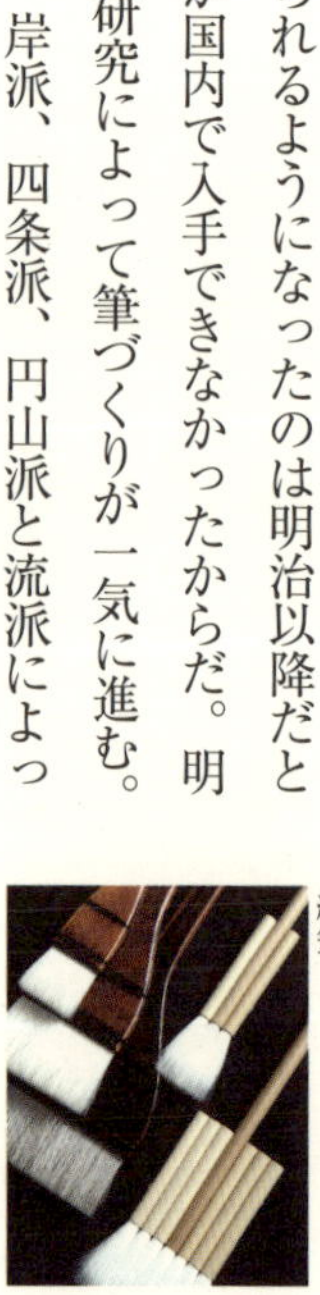

様々な用途に用いられる絵筆。

橋本関雪(1)
はしもと・かんせつ
(一八八三―一九四五)
日本画家。竹内栖鳳などに学ぶ。第一回帝展から審査員。中国や日本の古画を研究、とくに動物画に格調ある画風を確立。代表作に「長恨歌」「玄猿」など。

上：富岡鉄斎の為書のある看板。
下右：三十三色の水干絵具が納まる木箱が、彩雲堂には二十個近く積み上げられている。下左：使用する毛によって筆の固さ、柔らかさが決まり、土佐派、円山派といった区別ができる。

彩雲堂の方法論

悲しいかな、現在は、日本画の画風の変化に伴ってか筆を選ばない画家が大多数を占める。

「今は、筆で繊細に塗り重ねていくよりも、油絵のように厚塗りで塗る画風が好まれています。そうなると、別に筆を選ぶ必要がなくなる。オリジナルの絵筆をつくってくれという画家さんも以前よりも少なくなりました」と家形さんは言う。

絵具もまた然りだ。人工の岩絵具が登場し、天然ものは年を追うごとに採れなくなっている。

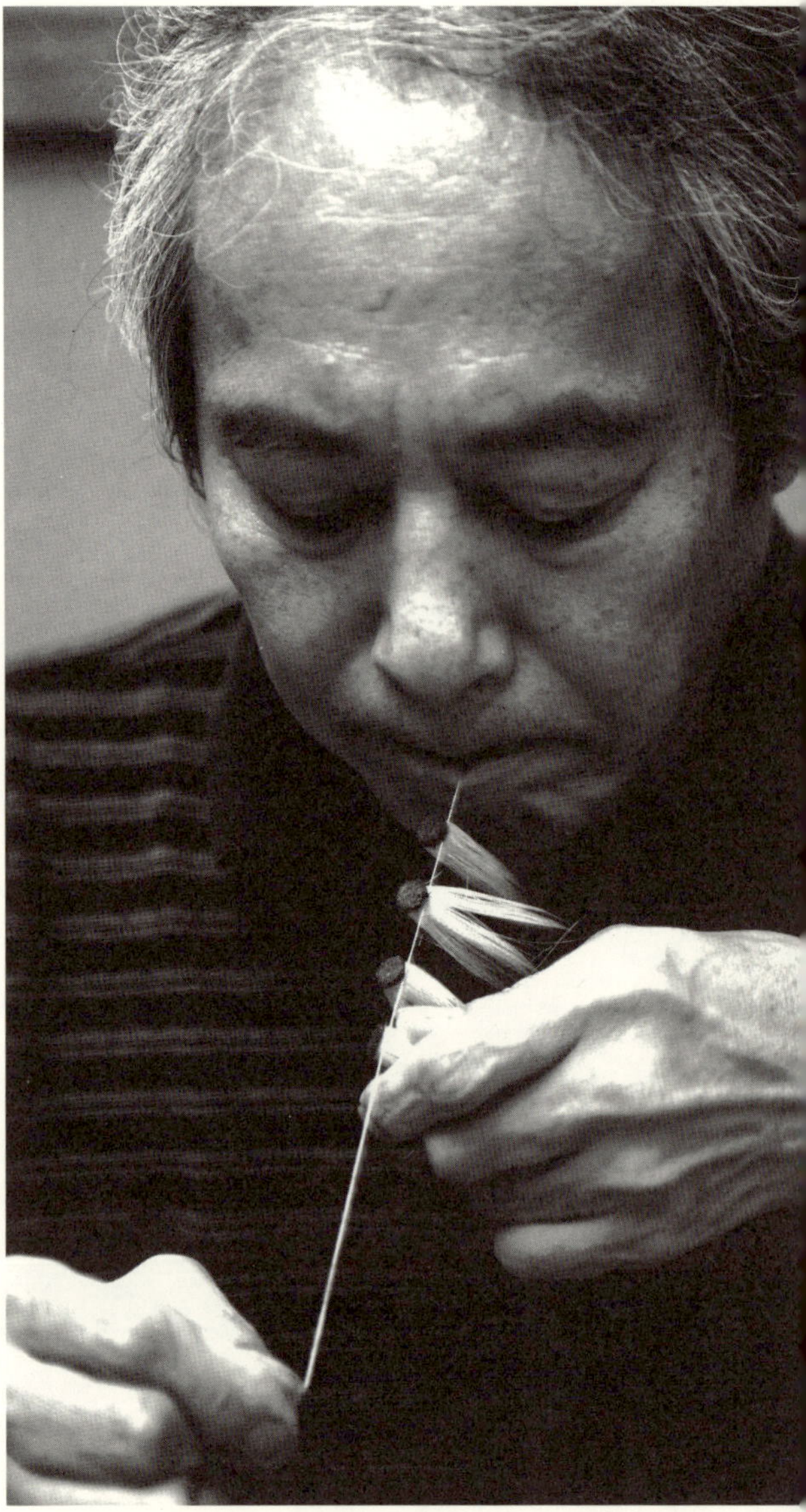

乾燥した穂の根元を麻糸でくくり、焼きゴテを使って根元を軽く焼くことで、毛が抜けないように仕立てる場面。その後、筒先に接着剤を付けて穂を入れ乾燥させた後、布海苔を付けて絹糸で穂先をくくり、余分な布海苔を取り形を整えれば筆の完成だ。

「人工岩絵具もいい試みです。出来上がっているものは良いものだし、それで色数が増えて良いことだと思います。ただ、だからといってどんどん化学のものを使っていったらいいのかといえば、そうではないんです。化学の絵具と天然の絵具と相性が合うのかどうか、和紙になじむのかどうか、化学変化が起きないかどうかなど、入念に調べないといけません。テストを繰り返して、選ばれたものを使っていくという形をとらないと、ただ要求があるからといって、それを使えばいいというわけにはいかないんです」

試作を重ねていく方法論が新しいものを生み出していく力になる。が、たったひとつの色でも彩雲堂が持つノウハウの延長線上になければ、それは彩雲堂の色ではないし、また筆でもないという。

「現実に今の時代に生きている人にとっては、あらゆるものが興味の対象にある。対象物に合わせた表現ができるような絵具も当然求めてこられますよね。それに対応はしていかんならんとは思います。ですが、天然のものの居場所や京都の伝統工芸を支えてきた絵描きさんをなくさないためにも、初代から受け継いできた方法論は保っていかねばなりません」

彩雲堂

中京区姉小路通麩屋町東入ル

天然のものの居場所や京都の伝統工芸を支えてきた
絵描きさんをなくさないためにも、
初代から受け継いできた方法論は保っていかねばなりません。

佐々木竹苞書楼《ささきちくほうしょろう》

寛延四年（一七五一年）創業

御池通から寺町通を下がってすぐ。
人通りのまばらな朝の十時頃に行くと、折りたたんであった
「ばったり床机」を下ろし、商売道具の本を積みあげていく店の主人に出会う。
古書店、佐々木竹苞書楼の七代目だ。

日本風俗史事典
趣味の甲冑

文人が愛した本屋

寛延四年に創業して以来、変わらぬ佇まいで変わらぬ動作を繰り返す姿は、周囲のめまぐるしい変化とは完全に切り離されて、そこだけ時代に取り残されたような疎外感をさえ感じてしまう。

「江戸期の挿絵なんか見ると、ばったり床机は本を置くためだけやなしに、そこへ腰を掛けて、本を読むためにも使われていたようです。一通り読んでみてから、買うかどうか決めてたんでしょう。昔は、本の価値が高かった。財産のようなものでしたから」

初代の春重は、近江八幡から京都へ出て、堀川にある「銭屋」という書林（本屋）に奉公。二十九歳で独立して「竹苞書楼」を創立した。

「初代は『銭屋』という文字を暖簾分けでもらって、屋号を銭屋、店名を竹苞書楼にしました。堀川の銭屋さん自体は絶えてしまいましたが、京都の書店市では、今でも私の店は銭屋で通っています」

当時は書林が出版も小売りも手掛けるのが一般的。竹苞書楼は和書、漢書を取り扱いながら、出版にも力を注いだ。特に、二代目の春行は、学者顔負けの博覧強記ぶりで、上田秋成(1)や池大雅(2)、伴蒿蹊(3)といった文人たちと交流があり、伴蒿蹊の『近世畸人伝』は竹苞書楼が版元だ。春行か初代が自ら出版した本の中で、煎茶について書かれた『茶経』は、十刷以上の版を重ねる人気ぶりだった。

「今みたいに一気に何万冊って刷れませんからね。一版刷ってもわずか何十部、多くても百まででしょう。今はもう壊れてしまって無いんですけど、店の奥に四畳半の版木小屋があって、そこで本を刷っていた。印刷技術が発展して手刷り木版が時代遅れになる前の五代目までは、出版を続けていました」

文人画家や国学者の出入りが多く、四代目の頃は、国学者の頼山陽が『日本外史』を執筆するために日参。富岡鉄斎に至っては、竹苞書楼の二階に下宿をして、漢書を読みふけっていたという。

上田秋成(1)
うえだ・あきなり
（一七三四―一八〇九）
江戸時代の読本作者。医者をしながら賀茂真淵門人の加藤宇万伎に師事して国学を学び、多くの著作を書いた。代表作は『雨月物語』。

池大雅(2)
いけの・たいが
（一七二三―一七七六）
江戸時代の文人画家。妻の玉蘭も画家として知られる。作品に「十便図」（十便十宜図）。

伴蒿蹊(3)
ばん・こうけい
（一七三三―一八〇六）
江戸時代の歌人・文章家。京都の商家に生まれる。著書に『閑田耕筆』『近世畸人伝』などがある。

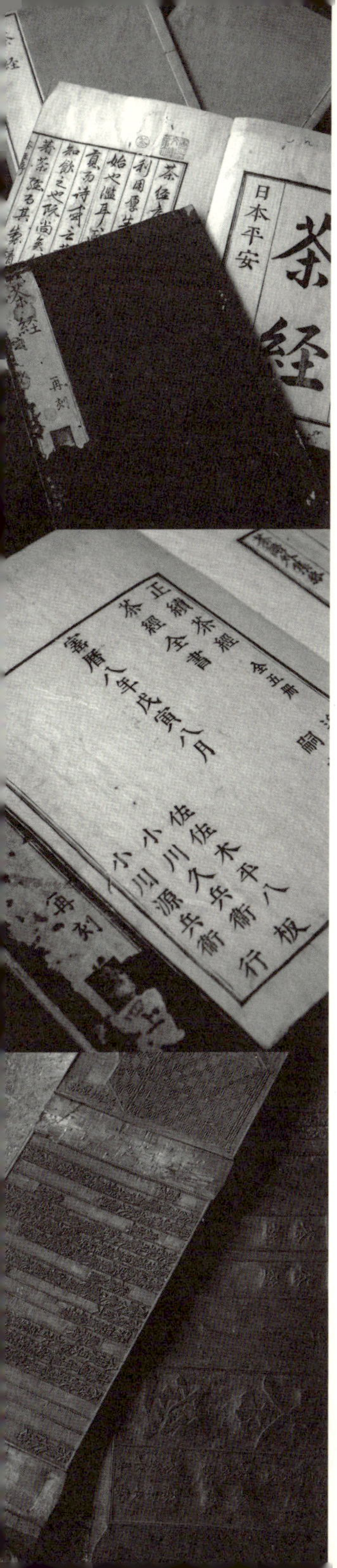

「店に通うのが面倒になったみたいで、下宿という形で毎日寝起きしては本を読まれていたみたいです。そのお礼に、『鉄斎　竹苞楼亭主に』という為書のついた大きな山水の屏風をいただきました」

天明の大火、蛤御門の変と、二度の大火事で店も本も失ったが、その度に復興を遂げてこられたのは、贔屓の学者たちが支えていたからだろう。

「お互いに研究熱心だったんでしょう。交流ができると、通り一遍ではなく長いおつきあいしてくれる。残っている手紙をみると、たくさんの学者さんとマメにやり取りしていることがわかります」

本屋の仕事

店内は、所狭しと本の山である。面出しの状態で上へ上へとうず高く積みあげられた本たちは、絶妙のバランスで静止を保っている。

古書の仕入れは、同業者間が本を持ち寄り交換会を開く月二回の市場が主だ。

「しっかりした本をいかに数多く手に入れるか。時代によって売れる本も値段も変わりますから、売

上：竹苞書楼のベストセラーとなった『茶経』。
中：『茶経』の出版年が宝暦八年とあることから、再版のものとされる。
下：『茶経』の版木。文字や図版に至るまで手彫りであり、職人の丁寧な仕事ぶりがうかがえる。

るよりも仕入れの方がいろんな面で考えてやらんなりません。相場は東京が基準になるので、年に何回かは東京の市場へ行って値段を覚えます。勉強不足が商売に関わります。読み違えて、売れないこともありますよ。その時は思い切って手放すことも大事です」

旧家から本をいかに譲り受けるかも重要な仕事だ。

「学者の先生が亡くなった時など、紹介をもらって、分けてもらいに行くんです。本は、骨董品と違って見栄えもしませんし、専門書になると特に読まない人間にとっては、場所もとるし下手をすれば虫も食うしで、案外と外へは出やすいもんです。ただ、そういう格式のある家は紹介がないと入れません」

コツは、あらかじめ数多くの学者と常に店を通して交流しながら、紹介のルートを作っておくことだ。

「うちは明治以前の和書や漢書という特殊なもんを売ってますから、やっぱり世間話ではなかなか信用がつきにくいですもんね。学者の先生方相手に『ほう、よく知ってるな』と思われるちょっとのことが信用につながったりしますよ。こっちも先生の知識を吸収して、お互いに意見の交換をしていく。それが楽しみであるし、商売にプラスされます」

有名な本は、誰が持っているか本屋の間では見当がついている。昔はいい本ほど、持ち主が蔵書印を押したそうで、その印を調べれば判明するからだ。そんな本がぱっと出たときに、その紹介ルートをいかに駆使して持ち主へと辿りつけるかが、古書店の力量だ。

「亡くなられてすぐに動くというのも差し支えがありますから、タイミングが難しい。ちょっと出遅れると他の本屋に持っていかれることもある。まあ、いちげんさんでは、持ってる人もなかなか手放しませんよね。筋のええもんは、出にくいです。代々紹介で間違いないというとこに売られます」

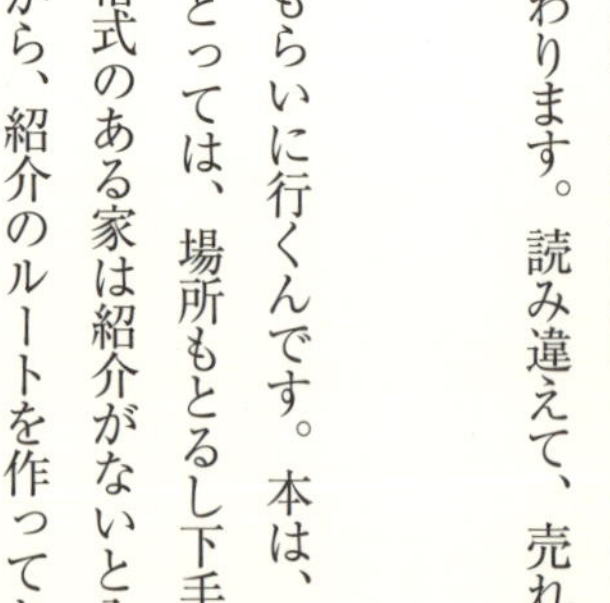
英字で書かれた看板

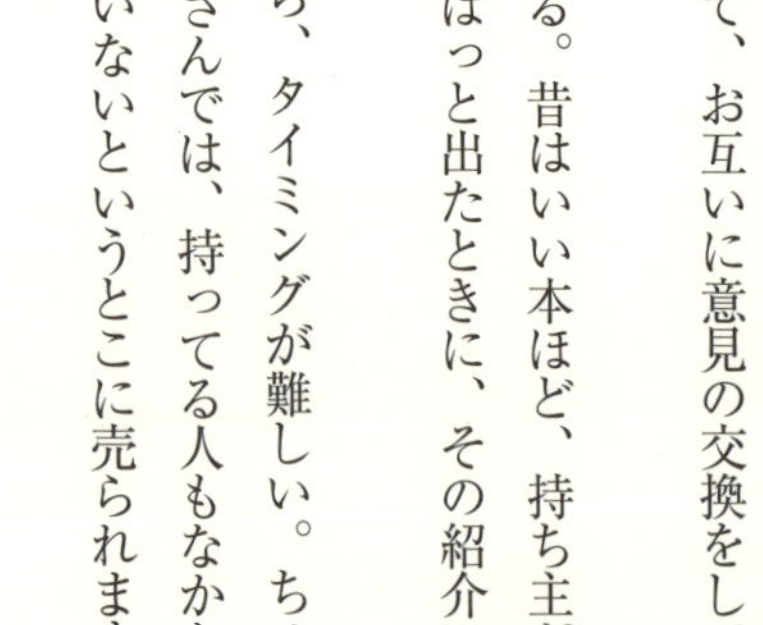
富岡鉄斎筆の看板

古本
水墨画入門
ロンドン
俳画歳時記

埋もれていく本の孤独

「竹苞書楼の信用と名前を汚さないように。それで商売しなさい」

七代目の英夫さんが父親から言われた言葉だ。

「入っていけばいくほど奥が深い商売。いろんなものを見て、時間を費やしてこそ経験になる。自分で勉強していかんとあきませんね」

客とのやり取りが何よりの経験になるという。だが、最近は店へ足しげく通う学者も学生もほとんどいなくなった。インターネットで古本も容易に買える時代だ。パソコンの前に座っているだけで本が届くから、わざわざ足を運んで本を探す必要がない。確かに、欲しいものだけを追い求められるのは便利だが、知識が限定されることにはならないか。七代目は疑問を投げかける。

「昔は、店にお客さんが来てくれて、いろんな話をしているなかで『こんな本読まれたらどうですか』って提案できたものでした。辞書を引いたら前後の言葉も一緒に覚えるのと一緒で、本屋の中にいることで、新しい興味が生まれることもある。こっちも思いもよらない本の名前を思い出して紹介もできる」

かつては、どの分野にも秀でた知識を持つ人間こそが学者だった。あらゆるところに興味を広げ、衣服を質に入れても知識欲を満たすためのお金は惜しまなかった。

「昔の先生は、江戸文学をやってても、古典も近世も現代も全部ご存じでした。また、そういう先生に習うと、学生も視野が自然に広くなるんですね。今は、極端に言うと、視野の狭い人間がどんどん増えていくような感じがしますね。学者というのは、教えるのが仕事。学生はそれによって学問を得る。本屋がその手助けをしてたんです。でも、それができなくなれば、学問を途絶えさせてしまうことになるかもしれません。うちとこは、お客さんに本を分けてこそなんです。いい言葉でいえば、文化事業が本屋の役割。やっぱりお客さんに勉強してもらいたい。本って使うもんですから。骨董と違って眺めて楽しむもんではない」

今でも市場に行くと、ふいに先祖が買い付けた本が出てくることがある。

「昔は、仕入れ値と売値が描かれた独特の値札を本の中に入れるんですよ。それがたまに古い本をめくっていると、祖父の字で書いた値札が出てくることがあります。まわりまわって、それをうちとこがまた実際に買うこともあります」

人の手から手へと渡り、歳月を超えて発見と感動を与えてきた古本。時代に取り残されたような孤独を店に感じたのは、佇まいのせいだけではなかった。手に触れることなくひっそりと埋もれている、本たちの孤独だったのかもしれない。

佐々木竹苞書楼
中京区寺町通姉小路上ル

辞書を引いたら前後の言葉も一緒に覚えるのと一緒で、本屋の中にいることで、新しい興味が生まれることもある。こっちも思いもよらない本を思い出して紹介もできる。

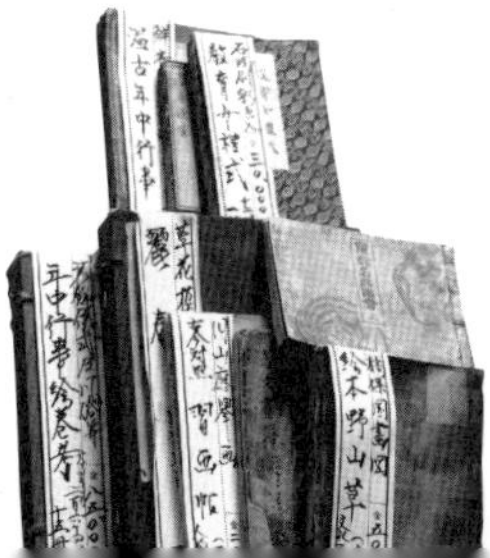

渋《しぶ》新《しん》老《ろう》舗《ほ》

文政十一年（一八二八年）創業

渋柿の汁を発酵させてつくる柿渋の歴史は古く、
平安時代頃には漆の下地や衣類の保護として使われていたという。
河原町二条に店を構える渋新老舗は創業以来、柿渋だけを扱い続けてきた柿渋専門店だ。
柿渋は補強、防水、防腐、防虫など様々な用途を持ち、一般の生活用品として、
また染色や工芸の材料としても幅広く使われてきた。
少しずつではあるが、その効用のもととなる成分も研究され、
渋柿に含まれるタンニンやペクチンが柿渋の様々な効果を引き出すことがわかっている。

生活の万能品

「昔の人は成分のことなんかもわからずに、経験でいろんな効果があることを知って使っていたんでしょうね。柿渋が常備されている家庭も多く、家の柱が少し傷ついたりしても柿渋を少し塗って直したりして使われていましたね」と渋新老舗六代目、水谷新太郎さんは話す。化学塗料の普及で、住宅用建材に使われることは少なくなったが、水分が多くさらさらとした肌触りが特徴の柿渋は素人にも簡単に塗れる補強塗料として、現在も町家などを中心に使われているという。

「柿渋には防虫効果もありますから和紙に塗り、渋紙として着物を保存する際に使ったり、収穫したお茶の葉を乾燥させる時の下敷きとしてもよく使われていました。とにかく値段が安くて、誰にでも扱えるので気軽に使われていましたね」また、京友禅の型紙や漁業に使われる網の補強、日本酒の製造でもろみを絞る袋にも柿渋が塗られていたという。

創業当時は柿渋の製造も行っていた渋新老舗だが、昭和初期に店の前を走る河原町通の拡張が行われることとなり、店の敷地が縮小したことに伴って販売専門へと変わる。現在は、府内の製造業者より質の高いものを仕入れ、店での販売を行っている。店の奥には高さが約一メートルの一石樽が三つ置かれ、中にはそれぞれ濃度の違う柿渋が入れられている。

柿渋づくりは、渋柿を砕いて絞った汁を発酵させ、熟成させる。絞った際に最初に出る汁は一番渋と呼ばれ、最も渋の含有量が多い。熟成は一年以上にわたって行われ、出来上がった柿渋は用途によって濃度を変えて使われる。

「柿渋づくりは大変重労働だったと聞いていますね。また、作業を行うタイミングも出来上がりに大きく影響します。渋柿に含まれるタンニンは水に溶けている間は渋く、固まれば甘くなっていきます。

収穫された渋柿の様子を見ながら一番良いときを狙って作業を始めるんす。だから、柿渋づくりができるかどうかは、つくり手にも前日までわからなかったんです」

京都市内で一件の柿渋専門店

かつては生活必需品だった柿渋も、年を追うごとに需要が落ち込み、現在京都市内で柿渋を専門に扱っているのは渋新老舗一軒だけだという。

「父が現役の頃には京都市内にも五、六軒の柿渋店があり、組合をつくるほどでした。戦後、化学塗料の登場や木造建築が減ったこともあって需要が大きく減少し、今はうちだけになってしまいました」

年々、需要の減少していく柿渋だが、近年、シックハウス症候群が問題となったことにより、自然塗料である柿渋が注目され、需要も伸びたという。「シックハウス症候群をきっかけに無害な塗料として柿渋が見直されたことは嬉しかったですね。一時的ではありましたが需要も伸びました。その時に使っていただいた方が継続していただければ有り難いんですが。柿渋を定期的に塗って養生された建材は、だんだんと味が出て良い色になってきますし、そうして手間をかけることで愛着も湧いてくるんだと思います」

現在、一般に柿渋が最も使われているのは、酒造の際の清澄剤としての用途だ。柿渋の持つタンニンが澱を下げ、不要な蛋白質を除去する働きをし、透明度の高い清酒が生まれる。同じ目的からみりんや酢の製造工程で使われることも多い。

「柿渋を使うことによって得られる効果には、まだすべてが解明されていない部分がたくさんあります。研究次第では、これまで知られていなかった効用や用途が見つかるかもしれません。古いものです

P140：濃度によって異なる樽に分けられている柿渋は定期的に攪拌される。
P141：柿渋を塗った竹や紙を使ったもの。床几にも柿渋が塗られている。

が、まだまだ大きな可能性を持っているんです。これから少しずつでも柿渋のことを研究して行けたらと考えているんです」

河原町の柿渋屋

店内には古い看板が掛かっている。かろうじて『渋新老舗』と書かれている跡が読み取れるが、字はほとんど消えかかっている。しかし、看板全体はしっとりとした艶に覆われており、古いのか新しいの

奥の看板が禁門の変の時に持ち出されたもの。字はほぼ消えかかっているが、当時から百五十年近く経ったものとは思えない艶がある。

かどこか不思議な印象を受ける。

「禁門の変の大火の時に、当主がその看板だけを持って逃げたそうです。家宝というか、それほど店の看板を大事にしていたということなんでしょうな。商品といっても柿渋は水みたいなもんですから、持って行くわけにはいきませんしね。たまに柿渋を塗っていますので、良い味が出てきているでしょう」

柿渋が生活必需品だった頃と変わり、その効用や用途をよく知る人も少なくなった。かつては、自生する柿から自家製の柿渋をつくる家も多く、火傷や霜焼けなどに民間薬としても使われていたという。

「正直、柿渋を商って食べていける時代ではなくなりました。それでも店を続けているのは、昔から続くこの店を無くしたくないという思いだけです。これまで渋新が培ってきた信頼だけは潰さないように。それに、まだ『河原町の柿渋屋』として覚えていてくれるお客さんがいますから。一人でもお客さんが来てくれる間はやめることはできませんね」

渋新老舗

中京区河原町通二条上ル清水町三四〇

古いものですが、まだまだ大きな可能性を持っているんです。

清課堂《せいかどう》

天保九年（一八三八年）創業

清課堂が店を構える寺町二条は、元禄の頃まで遡ると、四十軒ほど錫屋が軒を連ねる一大産地であったそうだ。山中家は代々錫師として、いそえ家という大規模な錫屋の出入りの職人として働いていたが、独立を許されたのが天保九年。「京錫源」という屋号で始めたが、明治時代に富岡鉄斎の命名により、その名を「清課堂」とした。主に手掛けていたのは、煎茶道で用いる茶入や茶托、飲食器、瓶子《へいし》と呼ばれる御神酒を入れる神具などであった。

寺町二条に唯一残る錫工房

「『山やかん』って言葉ご存じですか。銅でできたやかんを木こりさん達がいつも腰に下げて山へ行き、お茶の時間になるとそのやかんでお湯を沸かして一服する。それを何年も何年も続けていくうちに、やかんがあっちにぶつかりこっちにぶつかり、ぼこぼこに凹んでくる。それを『山やかん』っていってね、茶人が愛用したらしいんです。自然に窪んだやかんの形が美しいとしてね。錆もそやし凹みもそやし、昔の人は、変化そのものを受け入れて来たんじゃないかな。燻し銀っていうのも僕のすごく好きな言葉ですけど、経年変化を称えるのは、まさに日本人の美意識じゃないかと思います」

錫、銀などの金工品は、時を経ると姿が様変わりする。それを受け入れ、美とする日本人がいる。今はほとんど耳にすることのない「山やかん」を例に挙げて日本人独特の美意識を語り、またそれに沿ったものづくりをする清課堂七代目、山中源兵衛さんもその一人だ。現代の日本人にその感覚を持つ者は、果たしてどれだけいるだろう。

寺町通りにかつて沢山あった錫屋が、今は清課堂を残すのみだ。多くの錫屋は明治遷都とともに東京へと移り、また戦争の影響で店を閉めるなどしたためである。

錫製の花器（写真右）と青銅製の花器（写真左）。

清課堂にも危機は二度あった。一度目が蛤御門の変だ。火事で全焼し、錫の看板を、小川に沈めて守ったっていうのが家に伝わっている。二度目は、今から三十年ほど前の六代目の時。またもや火事に見舞われたのだ。

「清課堂の品物だけでなく、全国から各種の金属工芸品を選りすぐってセレクトショップみたいなことを六代目がやろうと店を改装していた頃で、出来上がって間なしに、全焼してしまいました。今の建物は、それをもう一度建て直したものなんです」

鉄斎の書と蔵と仏壇と、さらに台所を守る布袋さんが焼け残ったという。それらは、清課堂の復興の証として大切に残している。

独学で身に付けた技術

七代目が山中源兵衛を襲名したのは二〇〇七年春のことだ。二十二歳の頃から、家業に入りものづくりを始めた山中さんだったが、父親の六代目は店を修業して独立した職人に商品づくりを任せていたため、山中さんはもっぱら独学で技術を習得していったという。

「銅板をガスコンロで過熱して、金槌で叩いて形をつくる。そんなことを小学生に入る前から遊びとしてやっていました。今から考えるとすごい事をやっていたなと思う。ただ、家の仕事を継ごうと

工房には山中さん他、二名の若手職人が腕をふるう。

かものづくりに携わろうとか思った事は全然なかったですね」

継ぐきっかけになったのは、店を手伝っていた親戚に「あと頼むよ」と声をかけられたことだ。

「叔父の一言が背中を押してくれました。それと、物をつくることが格好いいと世の中が見てくれるような時代が来るかもしれないと、ピンときたというのもあります。ちょうど食料も物も溢れていた、その波にのまれて育ってきたからこそ、手づくりが当たり前に感じられなくなった時代はおかしいと思ったのかもしれません」

ほぼ独学で技術を身につけることは険しい道のりだった。工房をつくり、道具をつくることから始まったが、どんな道具が必要かすらわからない。DIYショップに行き、道具コーナーに並ぶあらゆる道具を購入して試してみるなど、数え切れないほどの壁が待ち受けていた。

「回転台の轆轤《ろくろ》の機械もつくってはみましたが、使いにくい。今はそれで体が慣れてしまったから苦にはなりませんが、以前に大阪の錫職人さんの工房に行かせてもらったら、全然機械が違う。一人一台自分用のがあって、座る高さから角度から、回転の速度まできちっと調節できるんです。独学で、ずいぶん遠回りしたと思うことがたくさんあります」

錫は融解点が二三一℃と低く、銅や銀、金に比べると加工が難しい。徳利などの曲面は、銅や銀なら一枚板から打ち延ばして成型できるが、伸びる力が無い錫の場合は、数個のパーツに分けて、溶接でつなげていかねばならないといった技術が余分にかかる。そこに、金槌、木槌を使って石目、杉目などの槌目を入れたり、鏡のように表面を磨き上げる研磨など、一通りこなせるようになるまで十年はかかると言われている。山中さんが満足のいく商品がつくれるようになったのも、つい最近のことだという。

「毎日辞めたいと思っていましたし、毎日壁にぶつかっていたので、何が一番つらかったかというの

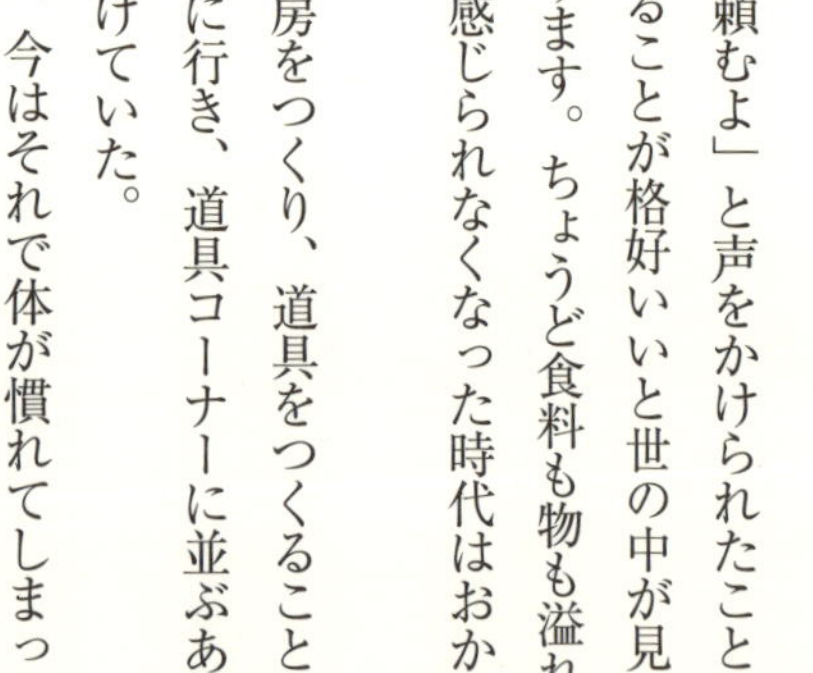

書家森岡峻山筆の看板

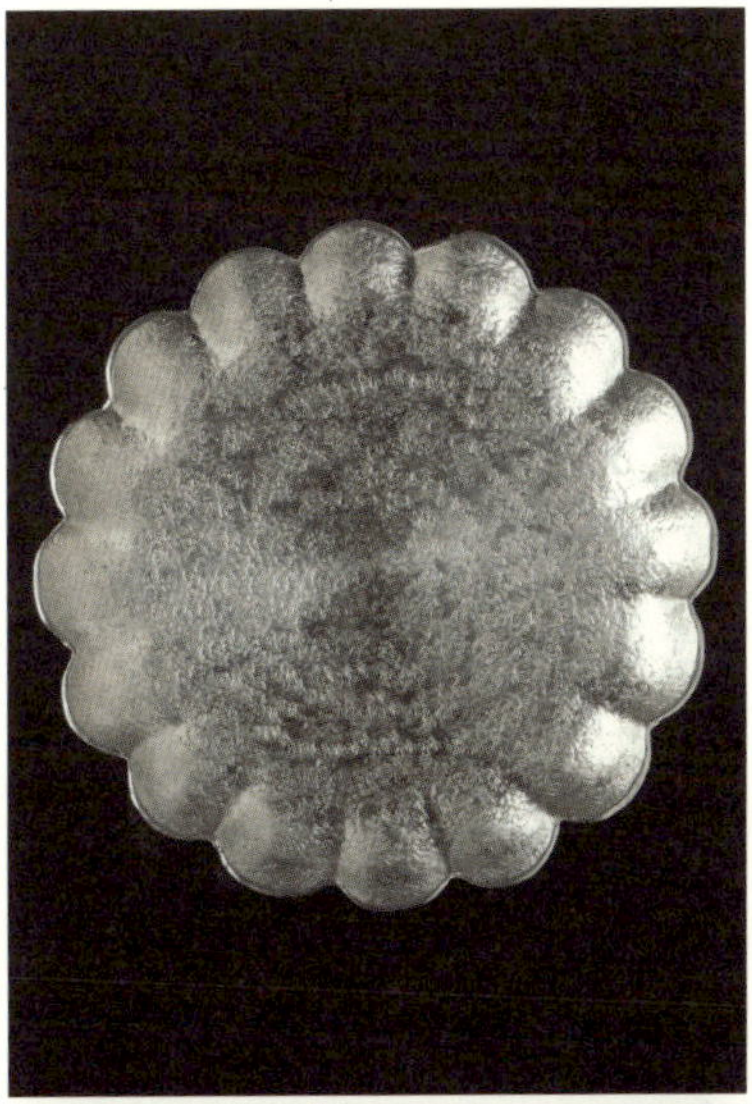

右上：菊をあしらった菓子皿。右下：酒器。錫の香りが酒の旨味を引き立てると言われている。
左：銅製の花瓶を特殊な薬液に浸し、着色して仕上げた花瓶。

は憶えていません。それでも、なんで錫がいいのかと言われると、どこかトゲトゲしてて、鋭利で固い。僕の性分と合ってるのかもしれません」

つくり手としての矜持

現代のつくり手としての責任もある。錫製品の地金は、錫純度九七％以上のものを使用するのが一般的で、残りの二％前後は不確定要素として、さまざまな金属を混合してつくられている。無論、通常の食器としての使用では、人体に影響を与えるほど不純物が溶け出すことは皆無であり、また、不確定要素の含有率は食品衛生法で定められた基準値を順守したものであることに間違いはない。が、清課堂はあえて、自主基準への開発に踏み切っている。先に述べた食品衛生法の規制に甘さを感じ、かつ市場や消費者の関心が高まっていることから、より確実な安全性を追及してのことである。

「開発には二年ほど費やしました。ほとんど不可能に近かったですね。溶解して冷えて固める時に金属は収縮するんですが、混入物をわずかに変えるだけで収縮率が違ってしまうため、鋳型から外れなくなってしまったりね。ただ、常に社会が求めるものに対応するためには、先に手を打っていかないといけません」

その変化に対応はしても、ものづくりに対する思いは変わらない。いぶし銀にわびさびに。美意識を保ちながら腕を振るう様は、初代の姿そのままだろう。

「僕はものづくりをしてるのだとは思ってません。ものをつくるだけならロボットでもできる。僕のアイデンティティーだったり、僕の手がやってること。手を動かしてるうちに出てくるエッセンスがある」

山中源兵衛自身が物へと昇華される。それは、つくる側の人間としての矜持である。たとえ万人に受けるものでなくなっても、譲れない。

「よくお寺の建築に、昔の木工職人がノミを置き忘れてたとか、落書きして帰ったとかと同じようにね。人間の不確かさやったり、逆に言えばおもしろさであったり、悪ふざけでもある。その悪ふざけも人がつくる意味だと思うし。ものっていうのは、そこにある原子の固まりじゃなくて、心。もっともっと人間臭いんだと思います。理想を言えば、お店も必要ないかもしれない。ぶらぶらとお客さんが工房に入ってきはって、私が『何つくりまひょ、何がよろしいですか』なんてその場で相談する。それは夢の話ですけど、そんなんが一番いいですね。ものづくりが実は人と人の出会いでのみ成り立ってることを実感したいから」

清課堂

中京区寺町通り二条下ル妙満寺前町四六二

物っていうのは、心。
もっともっと人間臭いんだと思います。

大市《だいいち》

元禄年間（一六八八～一七〇四年）創業

古来より滋養強壮に高い効果を持つとされ、
高級食材として珍重されてきたすっぽん。
元禄年間より続く大市は、創業以来、
すっぽん鍋「○《まる》鍋」一筋の専門店だ。
献立は○鍋とそのスープを使った雑炊。
先付けや香物、果物は付くが、
まさにすっぽんを味わい尽くすための
コースといえる。

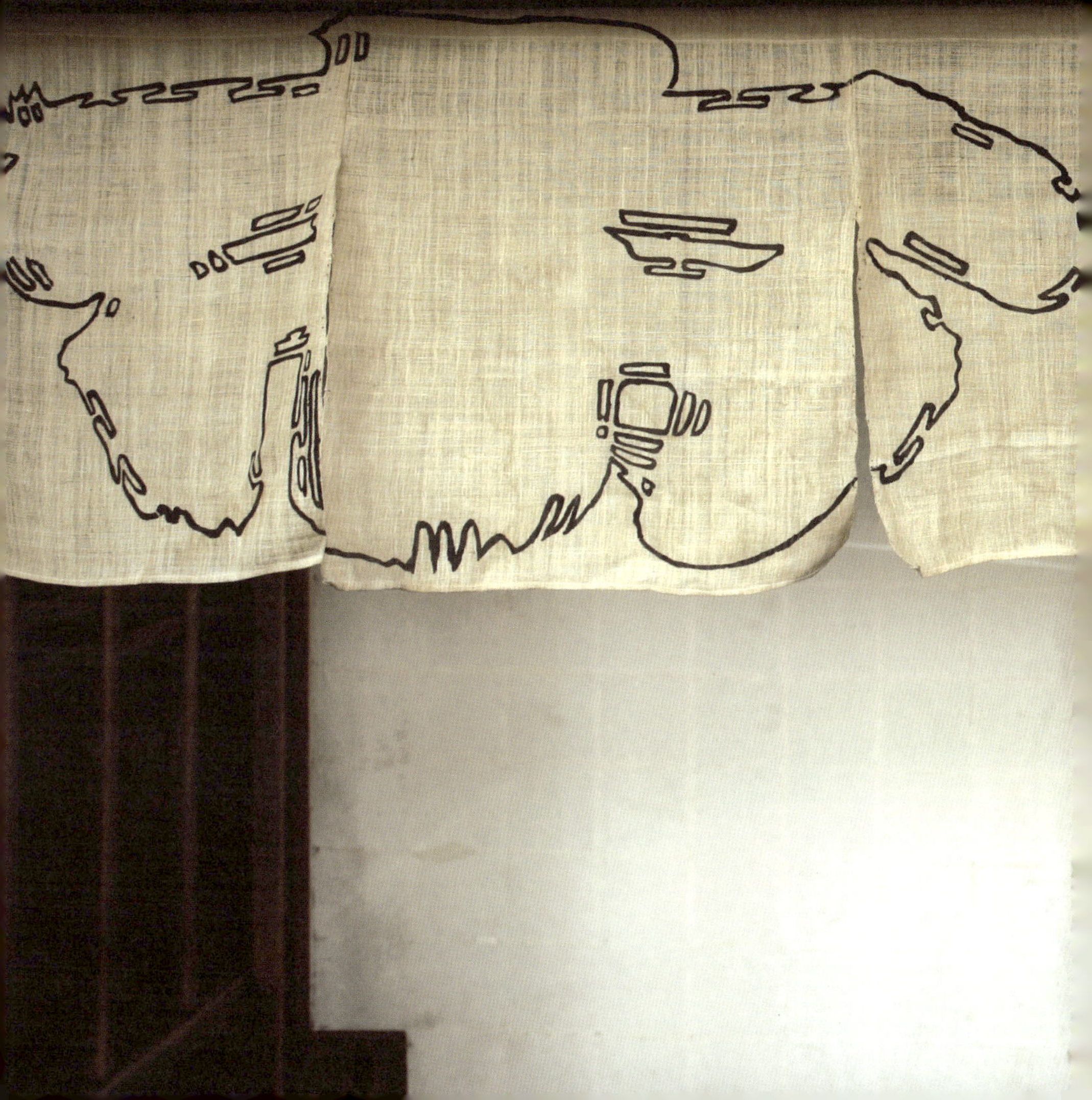

素材を大事に

「創業してからずっと同じ場所で同じ建物でやってきてます。これだけ長いこと続けさせてもらえるいうのは有り難いことですね」現在の当主、十七代目の堀井六夫さんはそう話す。

○鍋の材料は、すっぽんと醤油、酒、生姜の絞り汁のみ。これらを土鍋で一七〇〇℃近い高温で一気に炊き上げる。「燃料にはコークスを使っています。より高温で炊き上げることも可能ですが、それでは土鍋が持ちません。なにより、出来上がりの風味と綺麗な泡立ちが一七〇〇℃前後で炊くことでちょうど良くなるんです」

また、季節によって味付けに若干変化を加えているのも専門店らしい心遣いだ。「夏は少し辛く、冬場は少し甘めの味付けにしています。天候や気温によって人間の味覚や体調も変わりますしね。特にすっぽんには発汗作用がありますから、少しの微調整が味の感じ方に大きく作用します。お客さんが、味の変化が気にならない程度に手を加えて、年間を通して変わらぬ味になるようにするための工夫です。だから、お客さんから『いつ食べても同じ味。おいしいね』と言ってもらえると嬉しいんです」

材料のすっぽんは静岡県浜名湖、すっぽん養殖で百年以上の歴史を持つ服部中村養鼈場《ようべつじょう》で育てられたものが使われている。「一般的な養殖のイメージと違い、服部中村養鼈場では限りなく自然に近い環境で養殖されています。その中に五十メートルプールで約四百十個分、大市専用の養殖池をつくってもらい、さらに質の高いすっぽんを厳選し送ってもらっているんです」

老舗の養鼈場から安定的に供給される体制があるとはいえ、生き物であるすっぽんには繁殖数の少ない年が必ずあるのだという。「大体、四、五年に一度、すっぽんの数が大きく減る年がありますね。幸い、営業ができなくなるほどではありませんが、養鼈場から『残りが少なくなってきました』なんて連絡をもらうと、寂しいような不安なような気持ちになりますね。でも、そんな悩みも天然に近い育て方をしている養鼈場のすっぽんを使うには付きものですからね」

重い暖簾

堀井さんが大市の仕事に入ったのは、三十歳を少し過ぎた頃。男子のなかった先代が、娘婿の堀井さんに白羽の矢を立てたのだ。

「それまでは醤油醸造の仕事をしていたんです。自分がこの仕事をするなんて考えたこともなかったけど、自分が継がないと店を閉めるしかないという状況で、ほな、やろうかと。やってるうちに面白くなって、いつの間にか三十年ですわ」

それまでの仕事を辞め、大市に入った堀井さんは先代達が築き上げてきたやり方に、自分なりの工夫を加えようと試行錯誤する。前職での経験を活かし、三種類の醤油をブレンドした大市特製の醤油を完成させた。また、酒造メーカーの協力を得て、すっぽんの味をさらに引き出す酒塩を開発。堀井さんは、伝統の味を大きく変えることなく、○鍋をより深みのあるものにするための改良に身を砕いた。

「醤油も酒も、時間をかけていろいろ試しましたなあ。『もっとええもんがあるんやないか。試してみようか』の繰り返しでした。今、使っている土鍋も、自分が家業に入ってから先代と一緒に考えてつくったものです。それまで使ってたのは、コークスの高温に耐えきれずに割れることが多かったですから」。

大市では、新しい土鍋が入ると、実際の料理に使う前に繰り返し何度も火にかけ、保存しておく。これは、陶肌の

「もっとええもんがあるんやないか。試してみようか」の

繰り返しでした。

目を詰め、より耐久性を上げるために慣らしとして行うものだ。それまで大市で使われていた土鍋は、この慣らしの際に強い火力に耐えきれず割れてしまう事も多く、実際の料理に使用できたのは、仕入れた鍋の半数ほどであったという。「今、土鍋は信楽でつくってもらっているんですが、土に煉瓦を練り込んで焼いてもらうことでかなり強いものが出来ました。この土鍋をつくってくれる職人さんも、今は一人だけです。だから、つくってもらった分は買えるだけ買ってストックしてるんですよ。高温に耐え、使うほどに味が染み込む土鍋はうちの店の宝ですから」

自分が育った家ではなく、ましてや三十歳を過ぎて他業種から大市に入った堀井さんは、老舗の当代というプレッシャーも大きいものだったという。

「うちは女系家族で、先代も養子なんです。実子じゃないから余計に責任感も大きい。『とりあえず自分の代だけでも潰さず、店がうまくいくように。世間に対して恥ずかしくないような商売を』そのこと

P156：築三百年を経て、組み直しが行われた建物は創業の頃のままの姿で、より頑丈に生まれ変わった。
P157上：コークスで熱せられた〇鍋は、客の前に届いた時点で泡立ち、香りともに最良のタイミングとなるようにつくられ、運ばれてくる。明治維新の志士たちもこの店の味を好んでよく訪れていたという。下：どの部屋からも庭を眺めることのできるしつらいは、大市のもうひとつのご馳走だ。

ばっかり考えてきましたね。それまでの店のやり方に工夫や改良をしてきたのも『まだ、なんかできることはないか』の連続やったからなんです。今から思えば、外から来た養子の重圧が店を保たしてきたようなもんかもしれませんなあ」

祖父に連れられてきた孫が、十数年後には大人になって自分の子供を連れて○鍋を食べに来る。そんな風景も、大市にとって珍しいことではない。「うちの味を楽しみに来てくれるお客さん、支えてくれてる従業員、良い○鍋をつくるための道具や材料。仕事をすればするほど、代々、積み重ねてきたことの大事さが身に染みてわかるようになりましてね。暖簾の重みいうやつかな。不思議やね、あんなペラペラなもんやのに。でも、その思いがあるから頑張れる。『大市の暖簾』はうちにしかないもんやしね」

次代に継いでいくもの

創業時の雰囲気を今に残す建物は、○鍋と並び大市の顔ともいえる。昭和五十年代には老朽化のため、建て替えならぬ「組み直し」を行った。「三百年前に建てられたものですからね。その頃には随分と傾いてきていて、最初は建て替えを考えていたんです。でも、うちを馴染みにしてくれている芸妓さんにその話をしたら『大市さんは、あの建物あってこそ。新しい建物なんかにしたら、もう行かへんで』と言われましてね。お客さんの多くは、料理と一緒に古い店のしつらいも一緒に楽しんでくれている。じゃあ、建物は壊さずに、一度、解体してもう一度組み直そうかということにしたんです」

一度解体された店舗は、同じ材料で、同じように組み直されることになった。表面上は以前と変わらないように見える部分も、随所に現代の補強技術や耐震技法が施されている。営業を続けながら、少しずつ行われた作業は完成までに五年の歳月を要した。「作業には四国から宮大工さんに来てもらったんですが、一日目で『もう無理。辞めさせてもらえないか』と。木の組み方ひとつとっても、現在のやり方とは全く違い、わからないんだと言っていましたね。それでも何とか説得して、完成まで頑張ってもらいました。見た目は以前と変わりませんが、強度は抜群に上がりました。阪神大震災の時も、びくともしませんでしたから」

何代にもわたり大市に通い続ける客、店を支える従業員、そして○鍋と建物。大市の当代が守り、次世代に引き継いでいくものは少なくない。

「これから代が変わっても、良い材料を、最高の状態で調理してお客さんに提供すること。それが一番大事ですわ。お客さんに『やっぱり大市のすっぽんはうまいなあ』と言われるのが喜びやし、義務でもあります。うちにはすっぽんしかないんですから。今より良いと思う部分があれば、どんどん変えていったらいいんです。私も先代から店を引き継いでから、自分が良いと思うことはどんどん取り入れてきましたからね。そのためには毎日が勉強ですわ。でもこの仕事、面白いでっせ。いろんな人に会えて、うちにしかない味に喜んでもらえる。それが一番の楽しみなんですわ」

大市

上京区下長者町通千本西入六番町

暖簾の重みいうやつかな。仕事をすればするほど、身に染みてわかるようになりましてね。不思議やね、あんなペラペラなもんやのに。

享保十五年（一七三一年）創業

髙橋提燈《たかはしちょうちん》

京都には各町内に必ずといっていいほど地蔵が祀られ、
子供が生まれると提灯にその子供の名前を入れて八月二十三日、二十四日の
地蔵菩薩の縁日に奉納する習慣がある。
江戸中期に扇子問屋として創業した髙橋提燈は、
そんな京都の風習から全国の寺社で使われるものまで、
あらゆる提灯を製造する老舗だ。

職人さんに良い仕事してもらうためには、不安定な外注関係ではなく、ちゃんと雇用して安定や社会保障が必要やろうと。

祖父からの継承

高橋提燈の十三代目、髙橋康二さんが本格的に家の仕事を始めたのは太平洋戦争終結の年、昭和二十年。髙橋さん十二歳の時だった。

「家の仕事ですから、物心が付くまえから手伝いなんかはよくしていましたね。父が早くに亡くなっていたため、戦中は明治生まれの祖父が現役で仕事をしていました」

戦中は提灯づくりに必要な材料も満足に手に入らず、また、空襲を回避するために、明かりを灯すための道具である提灯は敬遠されたという。職人の多くも兵役や軍事産業に動員され、提灯づくりの技術を残すことさえ懸念された。

また、戦後も苦しい状況は続いていたという。「既に生活必需品ではなくなっていた提灯は世間に衣食住が行き渡った後の戦後復興でした。回復の実感には十年ほどかかったでしょうか。それまでは戦前から持っていた工場の土地を処分するなどしてなんとか乗り切っていたような状態でしたね」

戦後は、髙橋さんを中心に高橋提燈の復興が行われる。当時、高齢だった祖父は作業ができなかったため、髙橋さんは、祖父の言葉から仕事のことを学ぶしか方法はなかった。「百歳近い祖父から提灯づくりの技術を教えてもらっていましたね。後は言葉で教わったつくり方を自分なりに実践し、改良していく。祖父からは『職人として自分の納得のいく仕事をしなさい』と言われていましたが、目の前にお手本が無いだけに一から手探

りで仕事を始めたような感覚でした」

高度経済成長期に差し掛かり、次第に寺社仏閣の需要を中心に提灯の景気も回復し始めた。しかし、当時は全国の提灯店が相次いで廃業し、技術者が激減した時期でもあった。このことをきっかけに髙橋さんは自社で職人を育て、組織化することに着手する。「どの街にもあった提灯店がどんどん廃業し、営業している提灯店を探して全国から注文が来るようになりました。京都のものだけやっていれば良かったそれまでとは違い、各地方の様々な大きさ、形の提灯を知り、つくる必要ができた。それらを図案から製造まで自社で一貫して生産するためには、職人の集団が必要やと考えたんです。職人さん達に良い仕事してもらうためには、それまでの不安定な外注関係ではなく、ちゃんと雇用して安定や社会保障が必要やろうと。それで法人化することにしたんです」

製作された提灯は吊して乾燥が行われる。

松下電器からの依頼

髙橋さんと髙橋提燈にとって大きな転機になった仕事がある。昭和三十五年、江戸後期に焼失して以来仮設のままだった東京、浅草寺の雷門を松下電器産業が寄贈することとなり、その提灯の製作が髙橋さんに依頼されたのだ。「大変な仕事でした。私も若くまだ三十代の頃でしたし、あれほど大きいものはつくったことが無かったですから」

当時、経営の神様と呼ばれていた松下氏に呼ばれ、髙橋さんは門真市の松下電器産業本社を訪れたという。「そりゃあ緊張しました。部屋の前には松下さんに面会する人達が行列をしていましてね。私は約束の時間より十分程遅刻してしまったんですが、もう次の人に順番を飛ばされていました。松下さんからは『やってくれへんか』と言われ、お受けして帰ったものの、材料の確保や作業のことを考えると不安でいっぱいでした」

通常、提灯の骨に使う竹は十二月から一月にかけて伐採されたものを確保し、年間を通してそれを使う。髙橋提燈では丹波産の竹を仕入れ、自社で使う細さに割る。また、表面に貼る和紙も手漉《す》きのもの

P164-65：髙橋提燈では絵付け、金具製作、組み立てなど各工程の専門工がすべて手仕事で作業を行い、自社で一貫生産をしている。人の背丈を超えるほどの大きい提灯は作業場の確保もさることながら、仕事の手間も数倍になる。

を使用するため、高さ三メートルを超える雷門の提灯の製作には、実際の作業に入る一年前から準備に動く必要があった。

「普段は、その年に使う予定の材料だけしか仕入れていませんから、まず材料の確保が大変でしたね。竹や紙も何でも良いというわけじゃない。やっぱり最良のものを使ってつくりたいですから」

作業は髙橋さんを含め、五人の職人で約三ヶ月かかって行われた。資料に乏しく、戦前の写真を参考にしながらの仕事だったという。

「一番苦労したのはうまく綺麗な形を出すこと。技術自体は、日頃の小さい提灯の積み重ねがあってできること。どの仕事も一緒です。それよりも、あれだけ大きなものになると作業場の確保や作業そのものもひと苦労ですから」

十メートルの提灯

平成十三年、愛知県一色町にある諏訪神社で行われた大提灯祭りに、高さ六メートルを超える十二張りの提灯が吊り下げられた。

永禄年間より続くこの祭事の主役とも言える提灯は、損傷がひどく、平成六年に髙橋提燈へ復元製作が依頼された。小さいものでも高さ六メートル。作業できるのは一年に二張りずつ。材料の確保にはじまり、七年掛かりの仕事となった。

「最初に話があったときに『何年もかかりますよ』と何度も確認しましたね。骨に使う檜や和紙、まずその確保が本当に大変ですから」

最大のもので直径五・六メートル、高さ十メートル。一張りの重さが一トンを超える日本一の大きさの提灯の製造作業は、様々な提灯に携わってきた高橋さんや高橋提燈の職人達が経験したことのないほど大変なものだったという。「昔のものを解体し、ひとつひとつ見ながらの作業でしたが、昔の職人さんの仕事の丁寧さに驚くことばかりでしたね。今のように機械の無い時代のことを思えば信じられないことです。現在は、便利にはなりましたが昔の職人が持っていた技術は失ったのかもしれませんね」

以前は街ごとに提灯の特徴があると言われ、どんな小さな街にもひとつはあった提灯店も、今はほとんど見ることがなくなった。地域に伝わる提灯の文化や技術の継承が難しい時代に、高橋提燈がかけられる期待も大きい。

「日常生活の必需品だった昔と違い、今はディスプレイや現在風の照明器具としてつくれないかという注文も多くなりました。一方で、毎年、夏になると地蔵盆のための提灯の注文があります。古くから残る風習を大事にしてくれているのは本当に有り難いこと。だから地蔵盆の提灯はここ十年値上げはしていません。若いお母さん達が子供のための提灯を買いにきてくれるのは、本当に嬉しいですから」

高橋提燈

下京区柳馬場綾小路下ル塩屋町四四

古くから残る風習を大事にしてくれているのは本当に有り難いこと。

髙室畳工業所《たかむろたたみこうぎょうしょ》

安政六年（一八六〇年）創業

京都には茶道の家元が存在することで、長い時間をかけ、数寄屋建築のための
あらゆる技術が発展を遂げてきた。茶室全体をもてなしの空間と捉え、
また、中央に炉を切る数寄屋の畳は一般住宅用とは違い、その寸法や縁、目などに対し
多くの決まり事が存在する。数寄屋畳を専門とし、表千家不審庵や
二〇〇五年に完成した京都迎賓館の畳を手がけた髙室畳工業所は手縫いにこだわり、
現在、六代目の髙室節生さんが当主として、職人として店を守る。

最高の材料を

「畳づくりは技術も大事ですが、何よりもまず、質の高い材料を確保することが重要なんです」

高室さんは畳づくりについてこう話す。

高室畳工業所では、い草は古くより栽培の盛んな広島、岡山、熊本のものからその年の生産状況や使う畳の質に合うものを使う。縁は最高級の本麻のものをはじめ、熟練の縁職人が手織でつくったものを使用する。「廉価なものが普及し需要が減ったために、最高の縁をつくれる職人さんは激減してしまいました。縁の中でも最高の、手織の本麻、本藍染のものは全体の生産量の九割をうちで使っているような状況です」

い草農家は、需要の低下から年々減反を行い、縁職人も後継者不足が深刻な状況となってきている。先代も、年々手に入りにくくなる材料を心配し、常に高室さんに「仕入れ先を大事にしろ」とよく話していたという。「畳職人は自分たちのことを『付け師』と呼ぶんです。良い材料を用意してくれる職人さん達がいて、自分たちはそれを付けていくだけ。質の高い材料が手に入らなくなったら、一番困るのは付け師達なんです」

「施主がうちから他の畳屋さんに変えたときに、その畳屋さんが縁の仕入れに困って連絡してくることもあるんです。『高室さんと同じようにしてほしいと言われたが、縁はどこから仕入れてるんでしょう』と。そんな時はすごく嬉しいですね。中途半端な縁で在り合わせずに、

畳職人は自分たちのことを「付け師」と呼ぶんです。良い材料を用意してくれる職人さん達がいて、自分たちはそれを付けていくだけ。

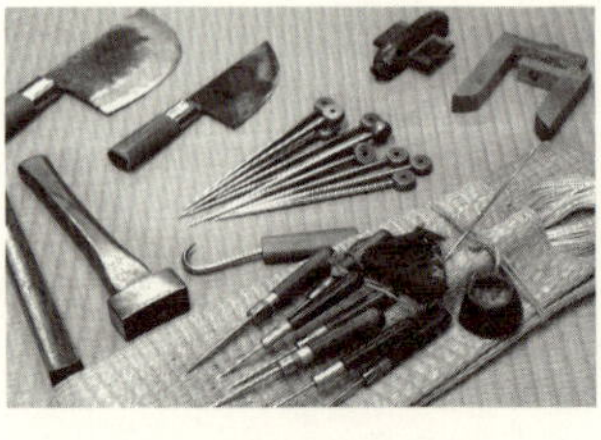

畳づくりに使う道具。

ちゃんと同じものを使ってくれる。こうして使っていくことが縁の職人さんや良い縁を残していくことにもつながりますから」

職人の矜持

畳には一畳あたりの大きさの規格が存在するが、これはあくまでも目安であり、納める部屋によって幅や長さ、対角線の長さなどには違いが出る。一畳当たりの寸法に加え、組み合わせによって生まれる皺寄せの微調整も行う必要がある。「例えば、八畳の茶室だと本来は部屋の四辺の長さが等しい正方形になるはずなんです。でも、ほとんどの場合、どこかの辺の長さが違う。四辺すべての長さが違うことや菱形になっていることだってあるんです」

畳職人の仕事は、部屋の四辺の長さに対角線を加味した寸法を測り、畳一枚あたりの正確な寸法を出すことから始まる。また、製作時に畳縁が畳目の途中に来ることが無いようにする配慮もされるため採寸は非常に神経を使う作業となる。

「畳の注文を受けて、施主の家で畳を納める部屋の寸法を測る瞬間が、一番緊張しますね。一発勝負なんですよ。一度測って、図面を引いてしまえばその通りにつくりますから。大工さんのようにちょっと長かったと鉋をかけることもできませんしね」

髙室さんは一度だけ、この寸法を測り間違えたことがある。

「富山のお客さんでした。対角線の長さを反対にして図面を引いてしまい、納品の時に畳が裏向けにしかはまらないようになってしまいました。幸い、部屋じゃなく床の間の一枚だったので、お客さんに何度も謝って夜通し京都まで車を走らせて帰り、つくり直してまたすぐに納品に伺ったんです。この事

は何十年経った今でも、本当によく覚えています。たった一本、斜めに線を入れてしまったがためにとんでもないことになってしまった。これまでに一度だけのことですが、今でも寸法を測り間違えるのが怖いんですよ」

茶室の数寄屋畳を中心に仕事を行う高室畳工業所では、そこで催される茶会や主人のもてなしまでを考えて注文に対応する。

「最高の材料でつくった畳を入れてくださるんだから、畳もお茶会のごちそうのひとつにしてほしいんです。例えば麻の藍染めの縁が白く色落ちするさまや、藺が飴色に焼けていく様子も。『小間で、半月後にお茶会をするので』という注文があれば、『今回は見送って、次の機会にもう少し早めに新しくしましょう』とお返事することもあります。新しいい草の匂いはお茶やお香の香りを消してしまうほど強いものですから。商売としては喉から手が出るほどですが、せっかくのお茶会を畳が邪魔するわけにはいきませんからね」

「ご苦労様でした」

高室さんには、施主とのやりとりの中で大事にしている言葉がある。

「納品を終え、すべての仕事が終わった時に施主の方から『ご苦労様でした』と言ってもらったときに、それまで張り詰めていた気持ちが、すーっと楽になります。その言葉を聞くまでは『どんな畳にするか』、『作業に間違いはないか』と頭の中は畳の事でいっぱいですね。ご苦労様、と言われて家に帰り初めてゆっくり落ち着ける。こればっかりは昔から直りません。きっと、そんな性分なんですね」

採寸し、畳をつくり、納品する。施主にしてみれば、その過程のほとんどを高室さんに任せることに

P172：縁が畳目の途中に来ることの無いよう、ひと針ずつ気が抜けない作業だ。
P173右：最高級の畳縁「手織本麻本藍染高宮縁」。左：厳選された藺草を使って織られた畳表。需要の減少によってこれら良質な材料を供給する職人や農家が少なくなってきたという。

なる。そんな仕事だからこそ、高室さんにとって仕事を終えた後の労いの言葉が、施主の満足度を知る一番の手立てになる。「その時に施主の表情が少し曇っていたり、声がいつもと違う感じがすると、家に帰ってからも『何か気に入らなかったんかな』と考え込んでしまいますね。そんな時は、後日、近くに行った際にふらっとお邪魔させていただくと、いろいろと聞かせてもらえることも多いんです」

良質な材料にこだわり、すべての畳を手縫いでつくる。こんな、高室さんにとっては当たり前のことも、廉価な外国産の材料が大きなシェアを持ち、機械化の進む業界全体から見れば少数派となった。

「真面目にやっていれば必ず見てくれている人はいると思うんです。これまでも、他所でうちの仕事を見て注文してきてくれるお客さんばかりです。私は、ひと針、ひと針丁寧に丁寧に頑張るだけですわ。あとは、手縫いの良い畳を残すためにも、材料をつくってくれる農家や職人さんを業界全体で応援できたらなあって思っているんです」

高室畳工業所

上京区上立売通堀川西入芝薬師町六三二

真面目にやっていれば必ず見てくれている人はいると思うんです。ひと針、ひと針丁寧に丁寧に頑張るだけですわ。

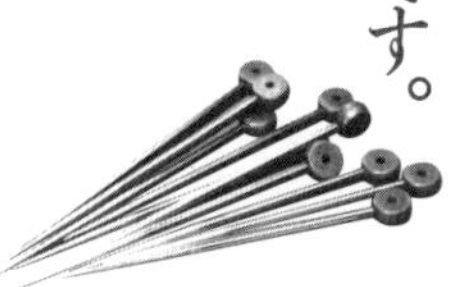

玉乃光酒造《たまのひかりしゅぞう》

延宝元年（一六七三年）創業

玉乃光酒造は延宝元年、初代中屋六左衛門が和歌山市寄合町において、紀州徳川藩から清酒製造業の免許を受け、創業した。名前は、六左衛門が帰依していた速玉神社の宮司が主神の「イザナギノミコト、イザナミノミコトの御魂が映える」との意味を込めて名付けられた。杜氏を呼び寄せ、紀の川の豊かな水と米で酒造りが行われていた。

日本酒と醸造アルコール

イ　米、米こうじ及び水を原料として発酵させて、こしたもの。

ロ　米、米および清酒かす、米こうじその他政令で定める物品を原料として発酵させて、こしたもの（イ又は清酒に清酒かすを加えて、こしたものに該当するものを除く。）。但し、その原料中当該政令で定める物品の重量の合計が米（こうじ米を含む。）の重量をこえないものに限る。

（『酒税法』）

どちらが日本酒かと問われれば、どちらも日本酒である。どちらが、本物の日本酒かと問われれば、「イ」である。「ロ」は、醸造アルコールが添加されているため、一〇〇％米でつくられておらず、本来の製法ではないからだ。では、どちらが今の日本に多く生産されているかと問えばどうだろう。答えは圧倒的に「ロ」となり、現在、国内で販売されている九割が「ロ」であることの事実に気づかされる。米一〇〇％でつくられる昔ながらの「イ」は肩身の狭い思いをし、販売量のシェアはビールに大きく水をあけられて、日本酒はたった一割ほどという現状。「ロ」ばかりが手に入りやすいために、「イ」のおいしさが正当に評価されぬまま日本酒が敬遠されているとすれば、つまるところ、「イ」をつくろうとしない酒造メーカーの矛盾も大きいのではないか？

その疑問を投げかけ続けているのが、玉乃光酒造だ。戦後いち早く「イ」の復活に取り組んだ蔵元である。

戦争真っ只中の昭和十九年。米不足と財政危機に瀕した日本政府は、財源確保のために日本酒にアルコールを入れて増産させて、さらに酒税を増税する政策を打ち出した。「ロ」の誕生である。昭和二十四年になると、アルコール添加をさらに増やし、甘味を補うためにブドウ糖を加えることを指示した。どちらの策も主食の米でさえ不足していた時代には、やむを得ないことでもあった。玉乃光もそれに従わざるを得なかった。ただ、戦災で蔵を焼失していたため、戦後すぐ昭和二十一年頃はほとんど酒造りはなされていなかったという。

純米酒の復活

昭和二十四年、十一代目は玉乃光酒造株式会社を設立。東京市場を開拓するため、京都伏見へと移転した。伏見は「伏水」とかつて言われていたほど、良質の水に恵まれた土地だ。十一代目は、東京へ進出するのに移動が便利であることと、水が良いという点で、この地を選んだのだ。

経済が回復し、米が行き渡るようになった昭和三十年代になっても、「ロ」は相変わらず酒造メーカーの主力だった。それには平成四年まで生き残った「級別課税制度」が背景にある。日本酒を級別にし、それぞれの等級に応じで課税するというこの級別課税制度は、昭和十八年に始まった。数度の改正の後、昭和二十四年には、一級から三級までの級別に加え、特級が設けられた。物資が不足していた時代に、希少価値ということでこれだけの課税がなされたわけだが、景気が回復されていくと特級酒は売れなくなり、次第に減税されていく。が、問題なのは、この級別がアルコール度数や原材料によって定められているわけではないという点である。国税局の技官ら審査委員の利き酒で優良、可を決めており、また、審査に出さなければ自動的に二級とされた。コストの安い醸造アルコール添加の酒が特級酒で、米一〇〇%でつくった日本酒が審査に出さずに二級となる事態が平然と起こるわけである。メーカーはこれに甘え醸造アルコール添加の日本酒をつくりつづける。消費者は特級が当然一番だと思い、それを選ぶという悪循環が続いたのだった。

そして昭和三十九年、十一代目は米一〇〇％の酒を開発し、級別課税制度に一石を投じた。昭和十九年にアルコールが添加されて以来、初めての試みだった。「自分が飲んで納得できなかった。翌日二日酔いするお酒なんておかしい。こんなものをお客さんに勧めるのはおかしいという理由からだったと思います」と、十二代目宇治田宏さんは先代が開発した理由について話す。

もはや日本酒では区別がつかないため、「無添加清酒玉乃光」と名付けた日本酒は、米は、「幻の酒米」と呼び声の高い備前雄町等の酒米、水は伏見の名水でつくられた。東京八重洲口始め各所に居酒屋「玉乃光酒蔵」を出店し、徹底した有料試飲を試みることで、市場を開拓していった。

酒造業界はこの流れを受け、米一〇〇％を目指すメーカーが玉乃光の他にも現れるようになった。平成四年に級別課税制度は全面撤廃され、新たに設けられた平成二年の酒税法により、米一〇〇％が「純米酒」と呼ばれ、醸造アルコール添加の酒と区別されるようになったのである。

酒のうま味は、酒米の精米歩合によって決まる。酒米に

蒸米作業。精米された酒米を五十分ほど蒸して半透明の状態にする。そこから、麹菌を付ける。

純米吟醸
山田錦、日本晴などの酒米を使用。飲みやすくすっきりした味わい。

純米大吟醸
有機肥料を使って育てた備前雄町米を一〇〇%使用した、玉乃光最高級の酒。

純米吟醸凛然
備前雄町米と並ぶ最高級の酒米として名高い播州山田錦を一〇〇%使用。

かい棒を使って、力を入れながらゆっくり蒸米をかき混ぜる。

含まれる「心白」と呼ばれる白色不透明のデンプン質部分が香りの高さと味の良さを決め、精米歩合が高ければ高いほどそのデンプン質のみを使用できるため、味が良くなるのだ。平成十六年に改正された「清酒の製法品質表示基準」では、純米酒のなかでも、精米歩合が五〇％以下は「純米大吟醸」、六〇％以下は「純米吟醸」、規制のないものが「純米酒」という風に名称が分けられている。「大吟醸」「吟醸」はこの精米歩合に醸造アルコールが入り、「本醸造」は、七〇％以下の精米歩合と醸造アルコールの添加がある酒、六〇％以下が「特別本醸造酒」と続き、精米歩合に規制のないのは、「普通酒」となっている。

日本人に飲んでほしい

「先代からやっていることですが、毎年田植えと収穫の時期には、岡山雄町まで出向きます。お互い顔を見合わせてこそ、初めて責任が生まれるんです。酒が出来上がると、今年の米の客観評価を通知します。酒米農家と酒造メーカーの真剣勝負がいい酒を生む」

宇治田さんは言う。二〇〇六年八月に代を継いだばかりだが、若いころは継ぐのに抵抗があった。

「継ぐことはある程度わかっていたんですが、抵抗はあった。大体そういうもんでしょう、父親と息子というのはね。いろいろと反抗してました」

宇治田さんの継ぐ決意を固まらせたきっかけが、父親の純米酒造りだった。

「親父のやってることが尊いということがやっとわかったんです。尊敬できるということが自分自身で納得できた」

東京八重洲口の「玉乃光酒蔵」で数年接客を経験したり、本社に戻って酒造りの現場で修業をしたり、一通りの業務をこなした後、十二代目に就任した。純米酒の復活に心血を注いだ先代の意志を引き継ぐことが、宇治田さんの使命の一つだ。

「基本は一緒です。いい酒米で。お客さんに安心しておいしいという感動をしていただける純米酒をつくっていくことです」

販売量が酒類全体の一割程度と大きく後退した日本酒業界だが、一方で純米酒が順調に伸びていることは、大きな励みだ。

「海外でも日本酒が受け入れられつつあります。世界中で寿司のブームが起きていて、酒もそれに付随する形で輸出量が伸びている。でも本当は、日本人にもっとわかってもらいたいですね。日本人ほど手先が器用で感性が豊かで味覚においても繊細な民族は世界中にそうはない。日本人の遺伝子がある限り、日本人としての基本的な素養として、日本酒にもっと触れて、お酒を選んでほしいですね」

玉乃光酒造

伏見区東堺町五四五ノ二

海外でも日本酒が受け入れられつつあります。でも本当は、日本人にもっとわかってもらいたいですね。

たる源《たるげん》

江戸末期（一八〇〇年代）創業

暖簾がかかっていない。表には、「たる源」と小さく書かれた表札があるばかりだ。

この場所に間違いないか、恐る恐る「ごめんください」と玄関お戸をガラガラと開ける。

はっとするほど、木の香りが立ち込めていた。たとえ森に身を置いたとて、この香りは味わえまい。

何百年、何十年と香りを閉じ込めていた木が職人の手によって解き放たれ、
香の粒子を一気に発散させている。

「いい木がないとつくらない店」という噂はその通りだった。

選ばれた木が、紛れもなく「たる源」であることを、誰よりも雄弁に語っている。

たる源の創業は江戸末期。初代田中源七が、たる屋弥兵衛という職人のもとで修業してから、
独立して「たる源」として店を構えたのが、その頃であるとされている。

当時は、何かを運ぶのも洗うのも蓄えるのも、桶やたるが欠かせなかった。

生活の雑器として使用されていたため、桶屋も数多くあったという。

ところが戦後、プラスチックが登場すると、手づくりのそれらは見向きもされなくなる。

昭和の始めには京都市だけで五十軒以上あったとされる桶屋は、たちまちのうちに数軒となった。

雑器から趣味の器へ

たる源も需要の危機に見舞われた。現当主で五代目川尻洋三さんの父親、利次郎さんの時である。利次郎さんは思案した結果、雑器から趣味の器への格上げに踏み切った。高級品として風呂桶や酒器、料理の器など次々に生み出した。それが高級旅館や料亭に受け入れられ引く手あまたとなった。百貨店に出店すれば、わずか三十分で完売した。たる源の評判は、日本中に聞こえることとなった。

「親父の代でたる源は急成長しましたが、それにはたくさんの人との出会いも大きかったと思います。伊豆の方の旅館に卸してましたら、そこに泊っていた建築家の先生が、建築の専門誌に書いてくれたんです。『ものすごく調子のいい桶に出会った。水切りはいいし、軽い。落としてもポンと跳ね上がる。裏を見てみると〝京なわて　たる源〟という刻印があった』というようなことをね。そういう人達のおかげで広がったということが、いくつもありました」

利次郎さんが新しく生み出したもののひとつに、槙を使った食器がある。槙は香りが強く、匂いが食べ物に移るため食器は嫌われた。が、利次郎さんは、耐水性と象牙色の美しさを持つ槙の木肌を何とかして生かそうと、刺身やそうめんなど、冷たいものを盛りつける食器をつくった。熱いものを乗せると匂いが引き出されるが、冷たいものでは匂い移りが気にならないことに気付いたからだ。この食器が、料理人から熱烈な支持を得た。今でも大事に使っている料亭が少なくないという。

「たる源の評判があがるにつれ、『たる源はほんまにつくっているんか』みたいなやっかみも中にはありました。でも、親父は、工夫して戦後を切り抜けていった。これで家族を養っていくという、ガッツみたいなもんがあった。プライドもいります。それなくしてしまったら、こんな仕事できへんのです。暖簾は絶対維持できへん」

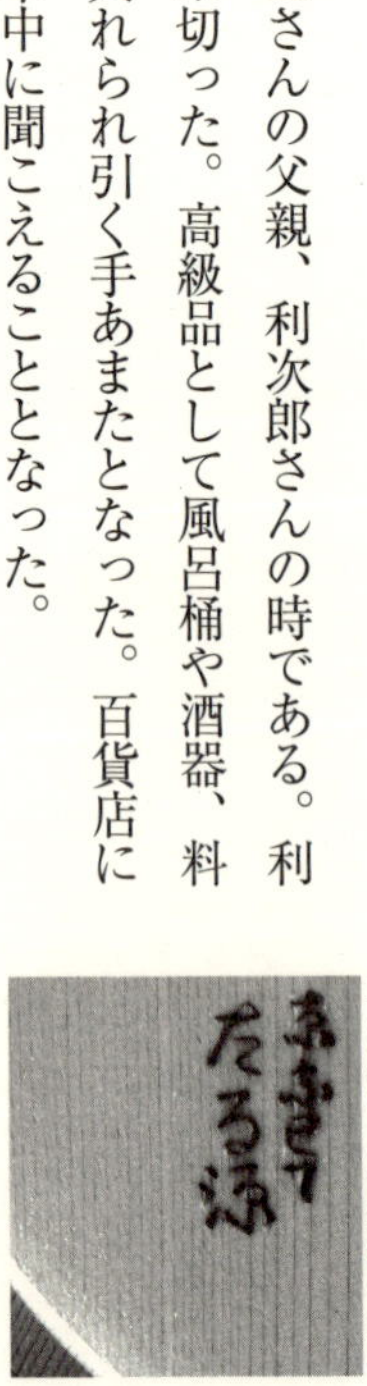

「京なわて　たる源」の焼印

上品であることの尺度

たとえ一年、お客を待たせることになっても、いい木が手に入らなければつくらない――。お客さん泣かせと捉えられそうなたる源の文句だが、品質でお客を裏切らない点で、これ以上のポリシーはない。

「結局、納期にせかされて、妥協してやろうとしても、やってるうちに嫌になる。お客さんとの会話とか、こういう思いで物を使うてはるんやなぁとか思うと、これではあの人を満足させられへんと、考えてしまう。どっかで自分の中で『いややなぁ、こんなん』と思いながらすれば、それをもろたお客さんも災難です」

椹、槙、杉、檜などが川尻さんの使う木だ。

「木というのは、色と目と硬さで見ますが、三拍子そろったのはなかなかないんです。だからつくるものによってどの木を選択するかを考える。酒の道具やったら硬さ、花桶は色と目という風にね。木目が細かければいいというものでもないんです」

桶や樽は、鉈で木取りをし半年間乾燥させたものを、センという特殊な道具や鉋を使って削り板状にし、それらを側板として十数枚竹釘と糊でつなぎ、組み立て、底板をはめ、タガで締めて完成する。たる源の品物はどこを見ても柾目が整然と揃っているため、つなぎ目がほとんど見えない。その上に、鉋のかけ加減で縁にいくほど板を薄くしているという。

「その方が水切りがいいというのもありますが、厚みが無駄なんですよ。要らないんですね。薄い方が華奢に見えていい。厚くすることでやぼったくなるということ。丈夫でないとあかんところは、厚みがいる。そうでないところは、できるだけ薄くした方が上品に見える」

桶、樽、酒器、皿……工房には、今にも香りたつような木の作品が整然と並ぶ。

上品であり、華奢であること。その尺度は、川尻さんの感覚が決める。たったひと鉋、ふた鉋が良し悪しの分かれ目だ。

「別に何厘とか計るわけと違うんですよ。この鉋の調子やったら、ふた鉋削った方がよくなる、とかね。そういう感じで、商品の品がようなるか、下品に安っぽくなるかが決まってくる。

厚みとかオチ(1)とか、そういうのはすべて職人のセンスです。タガの高さだって、等間隔ではない。等間隔にしたら、下にずったみたいになります。着物で言うと帯が下がりすぎてるようなね。それは、なんかバランスが悪いでしょ、桶も同じで、一番ええバランスがあります。それは、蓋が乗る場合や桶の高さによって違う。タガ一本でも、ものすごく大事なんですよ」

使い込んでこそ味わいがある

たる源は現在、川尻さんが一人で店を守っている。父親の代までは数人の職人や弟子を抱えており、四角い湯豆腐桶などの指物をつくる職人と、円形の桶をつくる職人は別であった。川尻さんは現在、一人で指物も桶もこなしている。最初指物からこの世界へ入った川尻さんは、円形の桶をこなすのに、あまりにも勝手が違い苦労したという。

「指物は、矩《かね》の手《て》(2)がしっかり出ていないと、正確に組めないんですよ。桶の場合は円なので、そんな風にはいかない。真円ではなく、木が縮む遊びなどを考えてつくらんとあかんので、どうやってその遊びをつくるかという感覚がつかめなかった。ところが、切羽詰ってくると人間ってうまいことできるんです。そんなとこで投げ出したらかっこ悪いわけですよ。それでは町を歩けんのです。そやさかいに、これはなんとかせなと気が入ってくると、人間ってできるんもんですよ」

オチ(1)
桶の上部と下部の寸法差。勾配。

矩の手(2)
直角のこと。

今は、桶づくりが主な仕事となった。料亭や旅館などがまとめて注文するということはなくなり、一個単位で注文してくる個人客がほとんどだ。

「この頃は生活様式が変わったのか、知ってる人が少ななったんか、木の桶を使いたい人が少なくなりましたね。手入れさえすれば、プラスチックと違って長持ちするんやけどね」

工房には、ひときわ古くなった一合樽が飾られている。真っ白だったであろう木肌は、真茶色になり、ニスを塗ったわけでもないのに、艶っぽい。かつての持ち主は、縁にこぼれた酒を利用して、布巾で磨き続けたのだろう。繰り返すうちに、何十年と月日が流れ、香り立つような味わいのある色になった。

「磨いているうちに、木が減ってくるでしょ。この減りが結構楽しみなんですよ。自分の手入れの数がわかるから。そういう楽しみ方もある。真っさらよりこうして磨いて古うなった方が感じがええっていう場合もある。そういう素材って世の中にあるわけです。木もその中のひとつやと思いますね」

「使わなくなったから」と店に戻ってくる品物がある。馴染みのお客がそれを見て、「これ、もらっていこ」と処分品を持ち帰る。その品はこれからまた、新たな色を帯びていく。

たる源
東山区大和大路通三条下ル

切羽詰ってくると人間ってうまいことできるんです。
投げ出したらかっこ悪いわけですよ。それでは町を歩けんのです。
なんとかせなと気が入ってくると、できるもんですよ。

通圓《つうえん》

永暦元年（一一六〇年）創業

奈良、元興寺の僧、道登によって大化二年（六四六年）に架設された
宇治橋は日本最古の本格的な橋ともいわれ、
通圓はその橋のたもとで約八百年間、橋守として橋を管理し、
京都と奈良をつなぐこの橋を渡る人々に茶を点ててきた。
現在は茶舗として知られる通圓だが、創業当初は「橋守の通圓」だった。
そのはじまりは、平安時代末期、源頼政の家臣だった初代が
頼政に宇治橋の橋守を命じられたことに遡る。
当時、宇治橋は京都と奈良の中間地点にあたり、
街道の要所として人の往来も大変多かったという。

宇治の橋守

「創業から江戸の終わりまでは、お茶ではなく橋守が本職でした。昔の宇治川は流れが急で台風や大雨で氾濫しかけると伏見から酒樽を運び、その中に水を張って重みをつけて橋の上に並べ橋が流れるのを防いだりするなど、なかなか大変な役目だったようです。その橋守の仕事をしながら、街道を行く人々にお茶を差し上げていたのが『お茶のみ処』としての通圓のはじまりです。でも、橋守としての役割がなければここまで長く続いてはいなかったでしょうね」と通圓二十三代目当主、通円亮太郎さんは話す。

宇治川の水は古くより茶に程良いとされ、中でも宇治橋の橋脚を西詰めより数えて三本目、通称「三の間」で汲んだものが最もおいしいと伝えられていた。通圓の当主は代々、毎朝明け方四時頃にこの水を汲み揚げ、湯を沸かして茶を点てていた。「上流の大きな岩で揉まれてまろやかになった水が、ちょうど三の間あたりで湧いている地下水と混ざり合って良い具合になるようです。豊臣秀吉公が宇治に来られた際にうちでお茶を飲まれ、その味を大変気に入っていただいて、それからは伏見城に滞在している時には必ずこの水で茶を点てるようにと命じられたそうです」。通圓には秀吉が千利休に命じ三の間の水を汲ませるためにつくらせた釣瓶が今も残されている。

通圓を題材にした狂言の演目がある。これは初代通圓が仕えた源頼政(1)が三百人の平家の軍勢と戦い、最後には刀折れ矢尽きて平等院の境内で討ち死にする物語を描いた能の「頼政」のパロディで、初代通圓が宇治橋供養の際に茶を点て、その茶を飲もうと殺到した三百人を相手に、茶筅はすり減り、茶碗も割れて最期には点て死にをした。その物語を死後の通圓が霊となって命日に現れ、自身の最期を物語って消えるという筋になっている。

(1) 源頼政
みなもとのよりまさ
(一一〇四—一一八〇)
平安時代末期の武士、歌人。以仁王と結んで平氏打倒の挙兵を計画し、諸国の源氏に平氏打倒の令旨を伝えたが、計画が露見。平氏の追討を受けて宇治平等院の戦いで敗れ自害。『平家物語』では鵺と呼ばれる怪物を退治したという逸話がある。

「私が初めて『通圓』を見たのは高校生の頃でした。最初は『変わった狂言やなあ』と思いましたね。パロディのもととなった『頼政』を知っていなければなかなか理解しにくい物語ですが、『頼政』と『通圓』の関係を知れば知るほど面白みがわかる演目です。何よりも現存する場所を舞台に、自分たちのご先祖さまのことが描かれた演目があるというのは、有り難いことですし、不思議な気分ですね」

また、通圓の店内には、この狂言の中の初代通圓を表した木像が祀られている。「この木像は七代通圓と親交の深かった一休宗純和尚(2)が彫り、下されたものだと伝わっています。今でも、毎朝お茶を淹れてお供えしていますよ」

茶を楽しむ

自然の天候に毎年の出来が左右される茶葉を「通圓の味」に仕上げることも茶店の店主としての大きな仕事だ。

「茶店には店ごとに味の好みがあります。たくさんの産地の中から、葉によって香り、味、形の特徴をそれぞれうまくブレンドし、店の好みの味に仕上げていきます。自然のものだけに、茶葉の出来は毎年変わるので大変ですね」

現在はあらかじめ袋に詰められた茶葉を販売しているが、以前は客が来店し、注文があってから袋に詰めて販売していたという。「昔はお客さんが来られたら、まず目の前で一服お茶を差し上げて、気に入っていただいたものをその場で詰めて買って頂いていました。この方法は、私達の思いや、その年の茶葉のことを知って頂くのに一番いい方法だと思います。茶葉の保存や手間の問題で、現在はなくなってしまった販売方法ですが、より多くの方にお茶の楽しさを知っていただくためにも、いつかこののん

一休宗純(2)
いっきゅう・そうじゅん（一三九四—一四八一）室町時代の禅僧である。仏教戒律の禁を破り、奇異な格好で街を歩くなど奇行が多かったが、仏教権威や幕政を批判・風刺するものであったといわれる。『狂雲集』『自戒集』『骸骨』などの著作がある。

びりとした売り方に戻したいなあと考えているんです」

代々続く「通圓の味」に大きな変化は無いが、茶園の廃業などで茶葉の仕入れ先は随分と減ったという。「宇治の茶畑もかなり減ってしまいました。茶園には日当たりが良く、水捌けの良い場所が最適な環境なのですが、それは人が住むのにも適した土地です。戦後、開発が盛んになった時代にかなりの茶園が住宅地に変わってしまったんです」

茶は苗から育て、出荷できるようになるまでに十年はかかる農産物だ。歴史と経験を持つ生産農家といえども、一度廃業してしまうとすぐに再開するのは難しい。「最近になって、こういった伝統的な仕事が少し見直されるようになり、茶園の後継者問題も少し安定してきているようです。茶園と茶店、協力し合って頑張っていきたいですね」

時代とともに変化したのは、生産体制だけではない。「年を追うごとに、海外からのお客様が多くなりましたね。海外の方は数種類の銘柄を葉の量や、湯の温度、器などを変えて色々な淹れ方で味の違いを楽しまれる方が多い。お茶の中にフルーツを入れて楽しんだりもされます。日本人のように『お茶の淹れ方』の既成概念が無いから自由なんですね。こういったところは私達も見習いたい。日本のお客様

昔、店の土間で使われていた茶釜

P196上：店主の通圓さんが店を訪れる客に茶を淹れる。下：一休禅師が彫った初代通圓の木像をもとに富岡鉄斎が描いた画を茶缶の彩りにしている。
P197下右：三の間から水を汲むため、豊臣秀吉が千利休に命じてつくらせた釣瓶。左：現在の宇治橋三の間。

も自分なりの楽しみ方で、お茶をもっと自由に楽しんでいただきたいなと思いますね」

近代に入り、通圓は大きな転換期を二つ迎えている。「ひとつは明治維新ですね。それまでの江戸幕府から明治政府に代わり、橋守の費用が出なくなってしまいました。このことで室町時代から続く橋守としての仕事を失い非常に困窮したと聞いています。もうひとつは、第二次大戦中、店が橋のたもとにあるために強制疎開を命じられていました。その執行日が終戦の日、八月十五日だったのです。終戦が一日でも遅れていれば、この場所を離れ、おそらくお茶の仕事はしていなかったんじゃないでしょうか」

通圓は先々代、通円さんの祖父を早くに亡くし、曾祖母と祖母、そして両親が、戦前から戦後に続く苦難の時代を乗り越えてきた。「私が家業に入ったのは大学を卒業後すぐの頃です。当時は高度経済成長期。同級生はみんな立派な会社に就職し、給料はどんどん上がって行くような時代で、周りがすごく羨ましかったですね。家業はなんだか古臭いように思えたし、継ぐことには抵抗がありました。でも、祖母や両親が苦しい時代を必死に乗り越えてきたことも知っていましたから」

以来、通円さんは移り変わりの早い昭和、平成の時代を二十三代目当主として支え続けてきた。自動販売機やコンビニエンスストアの普及で缶やペットボトル入りのお茶が広まり、通圓も業界全体もまた大きな転換期に差し掛かっているのかもしれない。

「しかし、ペットボトルは日本人の生活に、もう一度お茶を身近にしたという功績もあります。ペットボトルの出現で、茶葉の種類や効能に興味を持つ方が増えたように感じます。そんな、外から来る脅威よりも、家庭で急須を使ってお茶を淹れる機会が少なくなったことのほうが残念です。家ではゆっくりとお茶を淹れて飲み、外出時にはペットボトルでお茶を楽しんでもらえるようになればいいですね」

通圓には一休宗純和尚がその臨終に立ち会った、七代通圓の辞世の句が今も伝わる。

一服一銭一期中　最後の一念雲御淡
行先も又行さきもてくの木の糸きれぬはもとの木のきれ

（この一生の間、一服一銭の茶を売って過ごした。
人間は死ぬ時の最期の一念によって浄土にも生まれるし六道にも輪廻するが、わが最期の一念は雲脚(3)のように淡々としたものである）

七代通圓が卒して約五百五十年が経つ。にこやかに話す通円亮太郎さんを見て、二十三代目もまた、泡ひとつ無い淡々とした気持ちでお茶に囲まれた毎日を過ごしているのかもしれないと感じた。

雲脚(3) 茶の色の一種。

通圓
宇治市宇治東内一番地

一服一銭一期中　最後の一念雲御淡
行先も又行さきもてくの木の糸きれぬはもとの木のきれ

御すぐき處なり田《おんすぐきどころなりた》

文化元年（一八〇四年）創業

冬の味覚、すぐき。
京都では馴染み深いこの漬物は、その名ひとつですぐき漬とすぐき菜の両方を指す。
すぐき菜の歴史は古く、桃山時代より上賀茂神社門前の社家で、古くより栽培されてきた。
漬物としては、江戸時代初期頃から上賀茂の特産物として、
御所をはじめとする京都の上流階級を中心に珍重され、その味が楽しまれてきた。
また、その種は非常に稀少とされ、原種を守るために「すぐきはたとえ一本といえども他村へ持ち出すことを禁ず」と
上賀茂一帯からの持ち出しを禁止されるほどだった。この門外不出の決まりによって、
すぐきは江戸時代末期まで上賀茂社家以外で栽培されることはなかった。

御すぐき處
なり田

上賀茂が育んだ味

「当時、上賀茂に隣接する松ヶ崎ではすぐき菜と同じアブラナ科の菜の花の栽培が盛んだったため、交配することを非常に恐れていたようです。現在でも種は生産農家によって厳重に管理され、原種に近い種を今も守り続けています。今でも上賀茂地区では菜の花の栽培は禁止されているんですよ」。古くより伝わる製法を守り、現在も上賀茂の地ですぐき漬をつくり続ける、なり田の十代目、成田善紀さんはすぐきがこの地で育まれてきた理由をこう語る。

「上賀茂一帯には、かつて加茂川が氾濫し、流れ込んできた土砂が堆積している肥沃な土壌がありま す。また、加茂川の支流である明神川が社家町の中心を流れ、その水を豊富に農業用水として使える環境にあったということも大きいんです」

恵まれた土壌と畑を潤す水。それに、大きさ一センチにも満たない小さな種を守り続けてきたすぐき農家の弛まぬ努力が、すぐき菜の生産を今日まで支えてきた。

なり田では、五反のすぐき畑を持ち栽培からすぐき漬の製造を行っている。「すぐきづくりは自然を相手に行うため、どうしてもその年の天候や環境の変化に大きな影響を受けます。その毎年の誤差を添加物などで平準化するのではなく、自然に溶け込み順応しながら続けていくことが大事なんだと思うんです。また、他の多くの漬物と違いすぐきは一度漬け込むと出来上がりまで味見ができません。毎年一発勝負なんです。最後は長年の経験に頼るしかありません。出来上がりまでは気が抜けませんし、毎年不安で仕方がないですよ」

十代目となる成田さんが家業を継いだのは、大学卒業後のこと。

「生活と作業場がすぐ近くなので、すぐきを漬け込むところや、その独特の香りは子供の頃から非常に身近でしたね。周りも私が継ぐことが当然と思っていたのか、特に仕事について言われたこともありませんでした。本格的に店のことやすぐきのことを意識して考えるようになったのは、家業に入りお客さんと接すようになってからのことです。毎年、季節になると楽しみにしてくれている人がいる。自分たちが一生懸命つくったものが喜ばれていることを知って、この仕事を継いだことの責任を感じるようになったんです」

すぐきづくり

現在は冬が旬のすぐき漬けも、もともとは夏の味として楽しまれていたものだったという。「すぐきの収穫は十一月下旬から十二月にかけて行います。それから荒漬け、本漬けを経て発酵させます。昔はこの発酵を、家屋の軒下などの冷暗所で行い自然発酵させていました。『時候熟れ《じこうな》』と呼ばれるこの方法は十分発酵するまでに時間が掛かり、出来上がりは五月頃。ちょうど上賀茂神社で葵祭が行われる頃の『初夏の珍味』だったんです。それが、明治時代に人工的に発酵を促す『室《むろ》』と呼ばれる加熱室が考え出され、発酵にかかる期間が大幅に短縮されて現在のように冬に味わえるようになったんです」

すぐき漬の旬を変えるほど、劇的に発酵期間を縮めることとなった室の発明は、すぐきの収穫量の増大に加え毎年、すぐきを楽しみにする消費者の「もっと早く食べられないか」という声に後押しされたものだった。すぐき漬はその製法においても、長い年月の中で多くの工夫を加えられながら上賀茂の人々の手

毎年の誤差を添加物などで平準化するのではなく、自然に溶け込み順応しながら続けていくことが大事なんだと思うんです。

上：すぐきは古くから現在にいたるまで基本的に漬物にしか使われず、漬物になるべくしてなった農作物だとも言える。
下：上賀茂社家町を流れる明神川。この川がもたらす豊富で美しい水があったからこそ、上賀茂のすぐきづくりが生まれ、これまで続いてきた。

によって育てられてきた漬物といえる。

「すぐきが室で発酵する際には、室や樽に住み着いている乳酸菌が大きく関わり、その土地やつくり手独自の特徴を持った味となっていきます。上賀茂の中でも漬ける家によって微妙に味が変わるんです。塩だけで漬け込むすぐきだからこそ、発酵する環境がその味に大きく影響する。そのため、上賀茂以外でつくられたすぐきは上賀茂のものとは全く違う味になるんです」

近年、すぐき漬から免疫力を高め整腸作用があるとされるラブレ菌が発見され、それまですぐき漬を知らなかった層にも大きく注目される機会となった。ラブレ菌の効用については、まだ研究の余地があるとされているが、科学的な裏付けの無い時代から、すぐきは滋味溢れる食物として愛されてきた。

「昔はそんなことわからずに食べていたんですよね。でも、何か有用性があるんじゃないかとつくられ、消費続けてきた。長く残ってきたものには何か理由があるはずだと思うんです。上賀茂で生まれ二百年以上も変わらずつくり、食べ続けられている。このことだけでもすぐきというのは『本物』やなあって思うんです」


「酸味求心」


「家訓というわけではありませんが、『酸味求心』という言葉が代々伝わっています。酸味とはすぐき漬の味のこと。すぐき本来の味をしっかり追求しそれを守っていけという意味です。私達の仕事はすべてこの言葉に集約されていくんだと思います。すぐき漬という基本を軸にして新しいことを考えていく。決して基本から離れてはいけないんです」

海外からの日本食への注目が高まるにつれ、すぐき漬が海外に広く紹介される機会も増えたという。

「外国の方が何の違和感もなく食べられるのは驚きましたね。でも、発酵食品は昔から世界中にあるもの。そう考えれば不思議ではないのかもしれません。他の日本食の国際的な認知に比べれば、まだまだ漬物は世界に知られていません。すぐき漬を通して日本の食文化を紹介することができたらって思っているんです」

「すぐき、千枚漬け、柴漬けなど、漬物になるべくしてなったものは出尽くしており、そういった意味では京都の漬物業界は非常に成熟しているんです。これからも、常に新しいことを取り入れていかなければ伝統、文化といえるものは維持できません。例えば、製法そのものは変わらなくても皮の剥き方、漬け方などまだまだ模索する余地があります。すぐきの酸味が苦手な人に対しても新しい漬物の食べ方、可能性を提案することはできる。完成しているように見えて、まだまだやれることはたくさんあるんですよ」

御すぐき處　なり田

北区上賀茂山本町三十五番地

長く残ってきたものには何か理由があるはずだと思うんです。三百年以上も変わらずつくり、食べ続けられている。このことだけでもすぐきは「本物」やなあって。

原了郭《はらりょうかく》

元禄十六年（一七〇三年）創業

「御香煎《おこうせん》」あまり聞き慣れない名前だが、
これは陳皮《ちんぴ》や茴香《ういきょう》などに粉山椒を混ぜ合わせ調合したもので、
その粉末を白湯に入れ飲用するものだ。
「志そ香煎」や「青紫蘇香煎」は茶会の待合いや料理の食前などに
供されることが多く、嗜好品として古くよりその香りが愛されてきた。
祇園に店を構える原了郭は、創業以来、三百年にわたり一子相伝で香煎の製法を
受け継ぎ、現在で十三代目となる。

竹香せん所

料理御用　本家学印　名誰御用　京師祇園　御用　源了郎

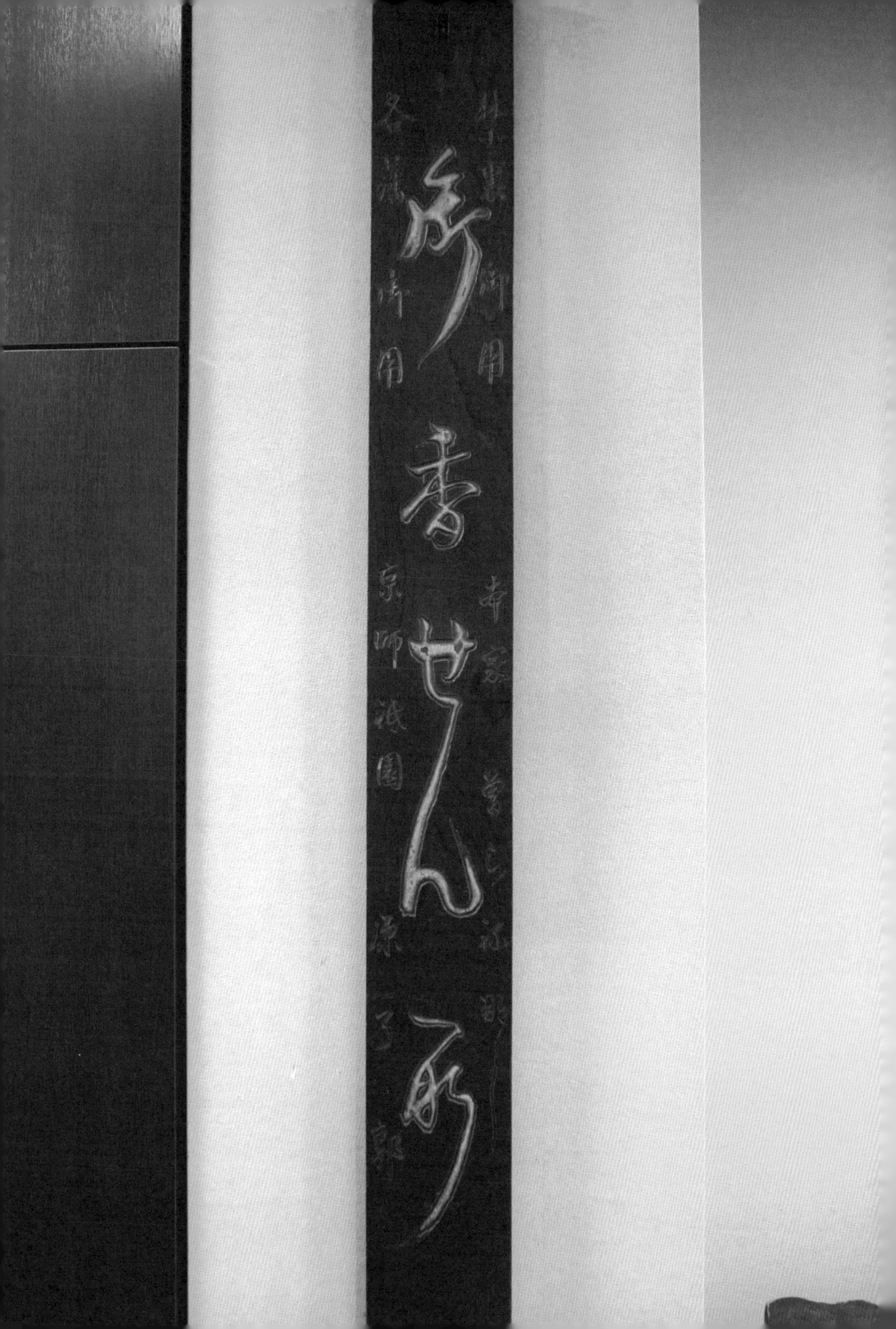

漢方から生まれた香煎

原了郭は、赤穂四十七士の一人であった原惣右衛門元辰の息子、原儀左衛門道喜が出家し、名を了郭と改めて、当時、漢方の名医といわれた山脇先生のもとで香煎の製法を学び現在の地に開業したことが始まりとなる。その後、原了郭の香煎は茶人や皇族方を中心に好まれ、十一代目の頃には黒七味も考案され、次第に現在の商品構成に近くなっていく。

明治期には宮内省御用品にも指定された原了郭の香煎だが、贅沢品の禁止された戦時中は、材料の仕入れもままならない時期が続いた。

そんな時期を助けたのは、原了郭と同じく京都で長い歴史を持ち、京都の名産といわれる品をつくる他の老舗だったという。

「当時は、つくろうにも材料が無く、つくれたとしても嗜好品である香煎が売れるような状況ではありませんでした。そんな時、それまでお付き合いのあったお菓子やお漬物などを扱うお店の商品を仕入れて売らせてもらっていたんです」。先代の妻である原由紀子さんは当時をそう振り返る。

茶道と京料理に育まれてきたという側面から、香煎は非常に京都らしいものであると言える。

「京都でなければ店も香煎もここまで続いていなかったかもしれませんね。お客さんの中には『原了郭の香煎じゃないと』と来て下さる方も多いですし、そうして可愛がってもらえるということは本当に有り難いことです。それでも昔は京都に五、六件香煎屋があったといいますが、今ではうちだけになってしまいました」

禁裏御用を示す看板

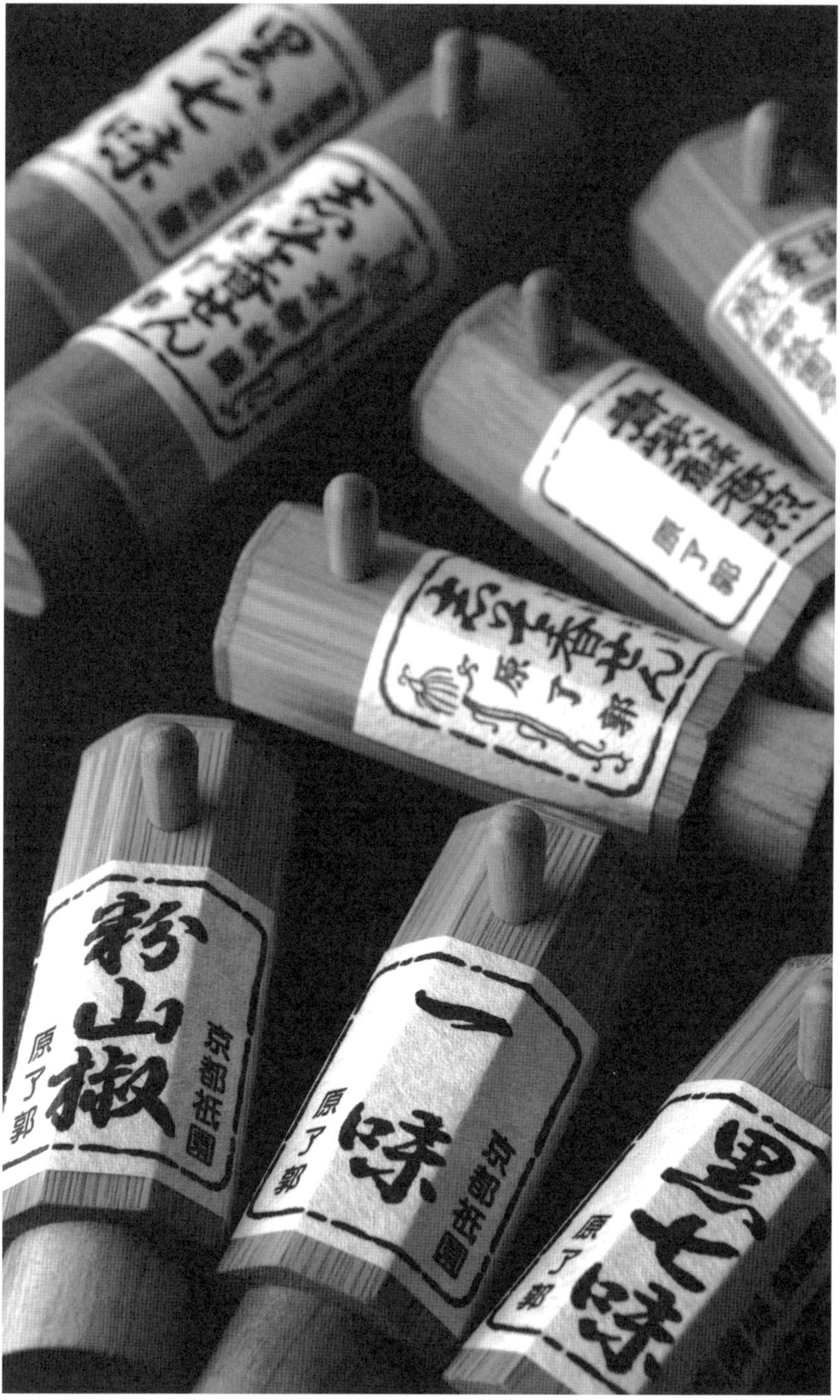
粉山椒
京都祇園
原了郭
一味
原了郭
京都祇園
黒七味
原了郭

一子相伝

原了郭では創業時より伝わる「御香煎」の他に、大葉を挽き焼き塩と合わせた「青紫蘇香煎」、梅酢に漬けた赤紫蘇の葉を挽き焼き塩と合わせた「志そ香煎」、道明寺を香ばしく焙った「あられ香煎」、春蘭の花を塩で漬けた「らん香煎」、桜の花を塩で漬けた「桜香煎」の香煎六種に加え黒七味、粉山椒、一味の薬味三種のみを商品として扱っている。その製法は一子相伝の秘伝とされ、現在もすべて当代一人の手によってつくられる。その技術を守るため、家人ですらも製造の様子を目にすることは無いという。

また、初代より連綿と引き継がれているその製法に変わりはないが、時代による住環境の変化は原了郭の香煎や黒七味の「香り」に大きな影響を与えているという。

「木造住宅が減り、鉄筋住宅やマンションが主流になった現在では温度、湿度の落差が大きいので香

上：「一味」。赤唐辛子を粉になるまで挽き、きめ細かい。中：「黒七味」。通常の七味同様、白胡麻、黒胡麻、山椒、芥子の実、麻の実、青海苔、唐辛子を材料としているが、手揉みして仕上げるため濃い茶褐色をしている。下：「粉山椒」。山椒の実や茎を取り除き、ふるいにかけ精製しているため微細な粉になっている。

上：桜の花の塩漬けが入った「桜香煎」。中：初代了郭が漢方医山脇先生のもとで製法を学んだ「御香煎」。茴香や陳皮などに粉山椒を混ぜ合わせてつくられる。下：春蘭の花を塩で漬けた「らん香煎」。

煎の香りが消えてしまうのが早いんです。確かに賞味期限内は安心して食べていただけますが、それでは当初の香りがだいぶ飛んでしまいますので、以前使っていた天然の竹の容器をやめ、缶、竹や木を加工した容器を使うようにしたんです」

新しい客層

それまで、茶道や京料理を楽しむ人を中心に愛好され、一般的な認知は低かった香煎が広く世に知られることとなったのは二〇〇一年、テレビの正月番組の中で黒七味が紹介されたことがきっかけだった。

「それまでもテレビで紹介してもらうことはありましたが、その時ほどの反響はありませんでした。ですからあまり気にしてはいなかったんでが、四日に放送があり、翌日五日の朝には店の前にお客さんが行列をしていました。とても驚いて、当代も含めた家族四人で対応に追われましたね。結局、その日と翌日、品切れで営業ができないほどお客さんが来られたんです」

その日を境に原了郭の名は一般に広く知られることとなり、黒七味の需要はそれまでとは比べものにならないくらいになった。

「需要が増えても、当代が一人でつくることには変わりはないので、当代が製造にかかっている時間が非常に長くなりました。現在は作業が休日や深夜にまで及ぶこともあります。わざわざ店に買いに来て下さるお客さんに対して、品切れだけは無いようにと、それだけは気を付けるようにしています」

海外からの観光客増加に伴って、外国人が原了郭を訪れる機会も増えた。「特にヨーロッパの方は香辛料に対して特別な思いを持ってらっしゃるような印象が強いですね。黒七味に興味を持っていただくことが多いです。ここまで原材料を加工した香辛料も珍しいのでしょう。海外在住の日本人のお客さんが『パリのお蕎麦屋さんで使われていて、すごくおいしかったから』と買っていただいたこともありました」

「最近、お客さんに香煎の本来の楽しみ方以外の使い方は無いかと聞かれることが多くなりましたね。特に若い世代の方は香煎の歴史や使い方といった既成概念にとらわれることなく楽しんで頂いているようです。青紫蘇の香煎を天ぷらの付け塩にしたり、桜香煎を桜ご飯に使われたり、御香煎をスープとして毎朝飲んでいるという方もおられました。これまでお茶事や料理の時にだけ味わって頂いていた香煎が、また違った風にして使われています。これからも気軽にいろんな楽しみ方をしてもらえたら嬉しいですね」

原了郭

東山区祇園町北側二六七

京都でなければ店も香煎も
ここまで続いていなかったかもしれませんね。

柊家《ひいらぎや》

文政元年（一八一八年）創業

葵祭や糺の森で知られる洛北、下鴨神社の境内には比良木神社という末社がある。
正式には出雲井於神社《いずもいへのじんしゃ》というこの神社には不思議と柊が自生し、
また周囲に植えた木にも柊の葉のようなとげができるため俗に柊神社とも呼ばれるようになった。
江戸後期に若狭から京へ海産物を運び、それらを商っていた柊家旅館の初代、庄五郎は
この柊神社を深く信仰しその社名にちなみ家号を付けたという。

若狭から京へ

若狭と京をつなぐ若狭街道は当時の交通、流通の要として京の街に多くの人と物をもたらした。特に海産物は、海の遠い京にとって大変貴重なものであり、この道が鯖街道とも呼ばれた由縁でもある。初代庄五郎は運送業、海産物商のかたわら、自分を頼りに京へやってくる同郷の人々に宿を提供することも多く、柊家の旅館業としての礎はこの頃に築かれた。

「初代の頃は、若狭から来る知り合いを自分の家に泊めていたようですが、本業はあくまで運送、海産物の商いでした。二代目は金鉄彫象の技術を学び、特に刀の鍔目貫の技に長けていて商売よりもものづくりの人だったようです。それで本来の家業は女の仕事となり、一般の方からも宿を求められることが多くなったため海産物の商いや運送業をやめ、旅館業に専念することにしたと聞いています」と女将の西村明美さんは話す。

以来、約二百年。柊家は多くの文人墨客に愛され、そのもてなしを高く評価される宿となった。昭和四十四年には、仲居頭だった田口八重さんが、接客業の従事者としては初めて黄綬褒章を受章する。創業から一度も場所を移ることなく、一見、変わらぬ佇まいに見える柊家だが、その建物は江戸末期、明治、昭和と各時代の建築が混在する。そして、二〇〇六年には新たに平成の新館がそこに加わった。

「新館の設計時に、以前よりお付き合いのあった神社の神主さんに見に来ていただいたんです。その方から『周囲の景色と自然との調和も大事なことだから、なるべく植栽をして気の流れをつくりなさい。老木からは新芽が芽吹き、新芽は老木から知恵をもらって大きくなる。そんな、互い（旧館と新館、周囲の景観と柊家）を生かし合うような建物になればいいですね』と助言して頂いたんです」

その言葉は、新館を設計するうえでの基本思想となり、新館にはどの部屋からも緑の見える七つの客室が生まれた。

「旧館との関わりだけではなく、京都の街ともうまく溶け合うように意識しました。京都や柊家の持つ、伝統やしきたり。それらはすべて時代を積み重ねてきたという裏付けがあってのこと。古いものを完全に壊すのではなく、活かしながら変化をしていくにはどうするべきかを一番に考えました」

各室ごとに異なるテーマを持った新館は、人間国宝の中川清司氏をはじめとする多くの職人や、工芸家たちの作品で彩られ、高齢の宿泊客に過ごしやすくしてもらおうとバリアフリー設備やベッドの部屋も設けられた。

「柊家らしさをしっかり残しながら、時代に即した変化を加えていく。従来の文化に少しずつ新しい事を吸収していく京都のいいところを、この新館でも表現したかったんです。これまで先代達がそうしてきたように、新館も時間をかけて味わいのある老木に育てていく。これが私達のこれからの課題ですね」

老木からは新芽が芽吹き、新芽は老木から知恵をもらって大きくなる。

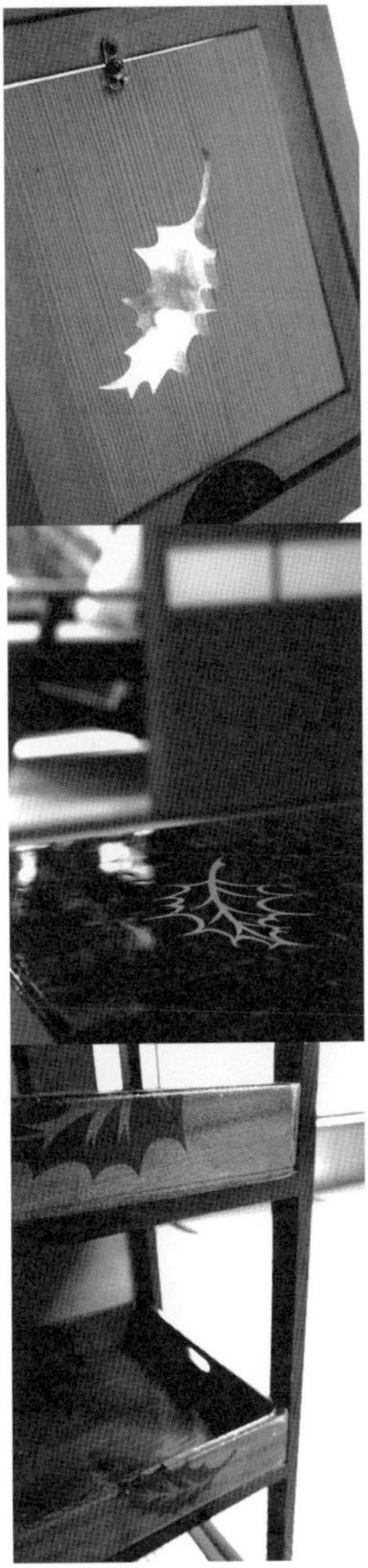

部屋の調度品には随所にさりげなく柊の模様が入っている。

旅館柊家
柊家

柊家のもてなし

「痒いと思ったところに、気が付くと手が添えてあった」

かつて、柊家に宿泊した客が、そのもてなしを評した言葉だ。決して押しつけがましくなく、さりげなく客の求めるひとつ先を提供するそのもてなしは、目には見えなくとも、柊家が最も大切にしてきたことだ。

「決まったこと、言われたことをするのは私達の最低限の仕事です。大事なのは、お客様の気持ちになってそこから一歩先の心配りをすること。お話しされるのが好きなお客様と、ひとりでゆっくりとされたいお客様とでは求められる要望も最適なおもてなしも全く違うものになりますよね。結局、相手への気遣い。普段の人との接し方、自分自身が出る仕事なんです」

柊家の心遣いや、もてなしのあり方。これらに心惹かれ、この宿を愛した文人は三島由紀夫(1)、志賀直哉(2)、武者小路実篤(3)と枚挙にいとまが無い。特に川端康成は西日本への旅の際には柊家を訪れ、たびたびの滞在で原稿執筆もしたという。また、そのもてなしの心を柊家にあてた寄稿文にも書き残している。

「……京都は昔から宿屋がよくて、旅客を親しく落ち着かせたものだが、それも変わりつつある。柊家の万事控目が珍しく思へるほどだ。京のしぐれのころ、また梅雨どきにも、柊家に座って雨を見たり聞いたりしてゐると、なつかしい日本の静けさがある。私の家内なども柊家の清潔な槇の木目の湯船をよくなつかしがる。私は旅が好きだし、宿屋で書きものをする慣はしだが、柊家ほど思ひ出の多い宿はない。」（川端康成　寄稿文『柊家』より抜粋）

三島 由紀夫(1)
みしま・ゆきお
（一九二五—一九七〇）
小説家、劇作家。本名・平岡公威。代表作は『仮面の告白』、『禁色』『金閣寺』、『潮騒』、『豊饒の海』。戯曲に『サド侯爵夫人』、『わが友ヒットラー』など。

志賀直哉(2)
しが・なおや
（一八八三—一九七一）
白樺派を代表する小説家のひとり。代表作は『暗夜行路』、『和解』、『小僧の神様』、『城の崎にて』。

武者小路 実篤(3)
むしゃこうじ・さねあつ
（一八八五—一九七六）
白樺派を代表する小説家のひとり。代表作に『お目出たき人』、『友情』、『人間万歳』、『或る男』、『愛と死』など。

「旅館とはその土地の暮らしや文化を反映した場所であると思います。柊家がたくさんのお客様に可愛がって頂いて来たのも、その京都らしさを気に入って頂けたからでしょう。その上で、ゆっくりとくつろいで頂ける空間であるかどうか。このふたつが『柊家らしさ』なんだと思います」

現在は、次の世代に柊家の心を伝えることも西村さんの大きな仕事のひとつだ。

「娘からは『必要なことはきっちり教えておいて』と言われています。思えば、私も母にそう言っていましたね。大事なことをしっかり伝え残していくことは女将として、親としての義務なんだと思います。ただ、今の時代、時間の流れが早くてひとつのことをゆっくり伝えることが難しくなってきました」

母から娘へ、伝え継ぐもてなしの心。形の無いものだけに、一度に言葉にするのは難しい。現在の柊家のもてなしも、各時代の当主が時間をかけて少しずつ自分らしさを加えてきた結果なのかもしれない。

到着した宿泊客を迎える玄関に掲げられた額は「来者如帰」。

「来たる者、帰るが如し」柊家のもてなしの基本がこの言葉に込められている。

柊家

中京区麩屋町姉小路上ル中白山町

伝統は時代を積み重ねてきた裏付けがあってのこと。従来の文化に創意工夫を加えていきたいと思うんです。

至善堂《しぜんどう》 堀金箔粉《ほりきんはくふん》

正徳元年（一七一一年）創業

蒔絵、仏壇、表具——。
金箔が使われる京都の伝統工芸は数え切れない。
江戸時代中期に金の管理を行う金座の認可を得て
箔師として創業した堀金箔粉の初代、砂子屋伝兵衛は
幕府から地金を支給され箔を打ちながら、
自らその販売も行う「職商い」であったという。

金座付箔師

「当時は幕府が厳重に金の管理を行っていましたから、金を扱う仕事は許可制だったんです。同業の箔師達も皆金座の置かれたこの周辺に集められていたそうです」

堀金箔粉の十代目、堀智行さんは子供の頃から家業を見ながら育ち、店を遊び場にして育った。「昔は店の隣が家でしたし、学校から帰ってきたら店で宿題するようなこともありました。今で言う『職住一体』だったんですね。知らず知らずのうちに金の事はよく見ていたんでしょう。振り返ってみればいつも身近に金があるというような環境で育ちました。当時は住み込みの社員もいたので、店全体が家族のようでしたね。今も、私が生まれる前からいる社員もいるんです。金のことなら私よりも詳しいですよ」

堀金箔粉の扱う金箔の用途は広い。工芸用としては、仏壇、陶器、織物、絵画、染色などに多く使われ、医療用やパッケージ印刷などにも多用される。昭和三十年には、放火により焼失した金閣寺の再建に堀金箔粉の金箔が使われている。近代ではそこに食品用途がひとつの柱となった。

「昭和三十三年にある酒造会社が日本酒に金箔を入れたことをきっかけに、食品用として金箔が広く使われるようになりました。以来、金、銀、銅の合金である工芸用の金箔を食用に流用して使っていたんですが、先代の『安心して食べられる箔をつくろう』との言葉で、食品添加物として認められている金と銀のみで合金した食用の金箔をつくったんです」。その後も、より安全を追求し、製造段階から異物混入を防ぐノウハウや徹底した検品体制を築く。平成十六年にはＩＳＯも取得し、現在食用箔ではトップシェアを確立している。

「昔からは考えられないことですが、今はお酒以外にも料理やお菓子などで金箔がよく使われるようになり、食用箔の市場も次第に大きくなってきました。これからも金箔の新しい用途にはいつでも対応できるようにありたいですね」

地金で商売はするな

地金を圧延し叩き、薄く延ばすことで金箔はつくられる。製法そのものは世界共通だが、より薄く、均一に延ばすことにおいては日本の金箔がもっとも高い技術を持つという。「金は高価なものですから、

少量の地金からいかに薄く延ばして多くの箔をつくるかということから技術が高まったのだと思います。約四グラム、小豆大の地金から一〇九ミリ角の箔が約二百枚。畳一畳分つくれます。しかし、職人さんも高齢化が進み、技術の継承や維持が大きな課題になっていますね」

平成十二年、堀金箔粉はその高い技術を活かし、長年不可能だと言われていた純度一〇〇%、二十四金の金箔をつくることに成功する。「それまで、銀や銅を合金しない純金ではうまく延びずに工芸用の薄くて美しいものはできないと言われていましたが、職人さんと共同で金を薄く延ばす際に間に挟む箔打ち紙の改良などを行い純度一〇〇%の金箔をつくることができたんです。純金は変色せず、また一度貼ると剥落しにくいので、従来のものより高級品に使われることが多いですね」

近年、投機目的のための金の市場が拡大し、金箔の原材料となる地金の価格が高騰していることも業

P228上：かつて箔の寸法を測り切るために使っていた道具。下：截金の人間国宝江里佐代子氏の作品。
P229：酒造メーカーが正月用の酒に金箔を入れたことが食用箔の需要本格化の大きなきっかけとなったが、古くから金箔や金粉は薬として非常に珍重され、上流階級を中心に金を食べる文化があったという。

至善堂　堀金箔粉

界全体の大きな悩みとなっている。

「工芸などの加工材料としての用途が最も多い金箔を値上げすることはなかなかできませんから大変ですね。この二年で地金価格は倍以上になっています。私達、金の加工業者にとっては難しい悩みです」

こんな悩みを見越したように、堀金箔粉には代々伝えられている言葉がある。

「地金で商売はするな」

「私達にとって金はあくまで材料。商売の儲けは加工賃で頂くのが道理です。安いからといって必要以上に買ったり、違う売買で儲けようとするなということですね。昔は幕府に許可を得た業者しか金を仕入れることができませんでしたから、特に自分たちに対して強く戒めていたんでしょう」

信用がすべて

一般に純金箔と呼ばれるのは、純度九十四・四％以上のものであるとされる。しかし、これは業界の暗黙知であり明言化された基準はない。あくまで販売する側に対する信用だけにすべてを委ねられているのだという。

「箔屋が『これは純度何％、何グラムです』と言えば、きっかりそうでなければいけません。多くても少なくても駄目なんです。箔の薄さは一万分の一ミリ、重さ一〇〇分の一グラム単位の仕事ですから信用がすべての商売なんです。目方、純度、品質のすべてにおいて間違いはあってはいけないんです」

王水《おうすい》(1)にしか溶けず、融点が千度を超える金はその実用性からも保護材として建築、看板などに多く使われてきた。現在、その技術が携帯電話などを始めとする電子部品の製造にも流用されていることを考えれば、食用や二十四金箔のように新しい用途が期待される市場ともいえる。

(1) 王水　濃硝酸と濃塩酸の混合水。

「新しい取り組み、商品の開発には貪欲でありたいとは思っています。しかし、ひとつひとつの事に対して長い時間を掛けて付き合っていきたいんです。駄目だったからといってすぐに放り投げたり、流行っているものがあるからといって飛びつくこともしたくない。経済のスピードが早い現在でこんなやり方では取り残されるかもしれませんが、経営そのものがギャンブルになってしまうような事業や、本業である金箔から離れてしまう恐れのあることはしたくないし、できないんです」

「私達は材料問屋ですから、仏壇やお酒に使われても堀金箔粉の名前が出ることはありませんし、これまでは問屋として名前を知られていないことを美徳としてきました。でも、お寺の修理などに使われた金箔はずっと残るものですし、工芸の職人さん達からどんな作品に使ったかを聞くと嬉しいんです。これからもそうしてずっと使い続けてもらうために、質の高い箔をつくり続けていきたいですね」

至善堂 堀金箔粉

中京区御池通御幸町東入

ひとつひとつの事に対して長い時間を掛けて付き合っていきたいんです。

本田味噌本店《ほんだみそほんてん》

天保元年（一八三〇年）創業

京都の人間にとって白味噌は特別だ。京都の正月の雑煮に使われるのは、かつて高級品だった白味噌が一般家庭では正月くらいにしか食べることができなかったためだ。また、三千家の初釜に毎年供される葩《はなびら》餅にも白味噌が使われる。禁裏御用達の味噌商として、室町一条で味噌づくりを商いとしてきた本田味噌は、様々な京文化と京都の風土に育まれてきた。京都の豊かな水と寒暖の差が大きい気候風土は、醸造品である味噌にとって、その製造に非常に適し、また、京料理や茶道家元をその街に擁することも質の高い味噌を生み出し続ける大きな原動力となった。

京文化に育まれた味噌

本田味噌の創業は、丹波の杜氏だった初代丹波屋茂助が京にのぼり、現在の地に店を構えたことがその始まりと伝えられている。以来、禁裏御用達として宮中をはじめ各宮家などに味噌を納め続けていた。しかし、明治の東京遷都をきっかけに一般に商売を広げることとなり、西京白味噌をはじめとする本田味噌の味噌が京都の街で広く使われるようになる。

「都が東京へ移ったことで、当時、御用達だった店の多くが東京へ移転しました。当時の当主も随分悩んだようですが、醸造品である味噌は水と風土がその品質に大きく影響するため、京都で味噌づくりを続けることを決断したと聞いています」。本田味噌の六代目、本田茂俊さんはそう話す。

「商売の感覚や、ものの考え方は子供の頃から家の仕事を見ていて、生活の中で身に付けてきたように思います。誰かに言葉で言われた訳ではなく、環境に教わったのでしょう。家業を継ぐことに抵抗のあった時期もありましたが、京都の文化の素晴らしさや代々続いてきた味噌造りの大切さを少しずつ知るようになり、次第に『継いでこの仕事をしたい』と思うようになりました。京都が持つ文化や風土の豊かさを伝え、後の世代に残していくためにも、真面目に、良い味噌をつくり続けていきたいですね」

味噌の素材となるのは大豆、米、塩。そこに加えて水が、その出来を決める重要な要素となる。

「初代が、御所に程近いこの場所に店を構えたのも水質が非常に良い場所だったからです。当時はこの周辺に食物を扱う禁裏御用達の店がたくさんあったそうです。鴨川が近く、水に恵まれたこの場所は味噌に限らず、京都のあらゆる食文化を育んだ土地でもあるんです」

九十六年には綾部に工場『丹波醸房』を新設し、職人の経験や勘に、科学技術の補助を合わせて味噌づくりを行う環境を整えた。

「かつて、味噌づくりは『寒仕込み土用越し』と言い、冬に仕込んで夏に熟成させるのが最も良い条件だと言われていました。しかし、現在は熟成工程の温度管理や菌の活動条件を整えるための環境づくりを、テクノロジーによって管理することができるようになり、年間を通じて安定して味噌をつくることができます。ただ、味や色など最後は人間の五感に頼る部分も大きいんです。職人の感覚で判断する部分は大事に残しながら、機械に任せられる部分はうまく高度化し、より良い味噌づくりの環境をつくっていきたいですね」

醸造に必要な有用菌だけが繁殖する冬を見計らって仕込みを行い、発酵が促進される夏に熟成させる。現在のように科学技術の助けが無かった時代の蔵人の知恵だ。自然環境に大きく左右されることの多かった味噌づくりの環境は、多くの先端技術、特に菌の動きを制御し、その働きを最大限に活かすバイオテクノロジーの発達によって劇的に変化した。

次世代にバトンを

かつて大家族が揃って食卓を囲む風景が当たり前だった日本の食卓も、核家族化が進み個食が珍しいことではなくなった。また、日本人の食生活も大きく変化した。日本の食卓に欠かすことのできない味噌も時代ごとの柔軟な変化をしながらつくられているのだろうか。

「昔は肉体労働が多く、食事の副食が少なかったこともあって味噌は『積極的な』副食だったんです。当然、時代ごとの食生活に合わせながら味噌も少しずつ変化し、健康志向が高まった現在は塩分も昔に比べると薄いものになっています。いきなり変わるのではなく、本田味噌の味を守りながら徐々に変えてきたんです」

宮中へ味噌を納める際、代金として拝領する銀を測った携帯用天秤測。

上：本田味噌の看板とも言える西京白みそ。米麹の上品な風味が京都の味として親しまれてきた。下右：深いこくと高い香りが特徴的な赤だしみそ。下左：漢方の一種としても知られる紅麹を使って醸造された紅麹味噌。

また、本田味噌では味噌を嗜好品としてもとらえ、あて味噌や調理味噌など、味噌汁以外の味噌の楽しみ方の提案も行っている。

禁裏御用達として創業して以降、六代にわたって受け継がれてきた本田味噌の味噌づくり。京都の文化やもてなしの精神も同時に継承してきた。

「まず、良い味噌づくりをしながら、店を続けていくことこそが、今、店を預かる者としての大きな仕事だと思っています。店の歴史をリレーに例えると、まだ六番目のランナーに過ぎません。自分のするべき仕事をじっかり行い、うまく次のランナーにバトンを渡すことが大事なんだと思います」

日本の酒造りの最高峰として名高い丹波杜氏を祖に持つ本田味噌。その誇りと味噌づくりにかける思いは、暖簾に染め抜かれた『丹』の一字に込められている。

商売の感覚や、ものの考え方は子供の頃から家の仕事を見ていて、生活の中で身に付けてきたように思います。

本田味噌本店

上京区室町通一条五五八

かけ溜り
七月二十四日
八月二日

松野醤油《まつのしょうゆ》

文化二年（一八〇五年）創業

洛北鷹峯。かつて本阿弥光悦があらゆる分野の文人、工人を集め芸術村を開いたこの土地は、
豊臣秀吉の築いた御土居が洛中洛外の境界を示し、
京の七口のひとつとして丹波、若狭へ続く街道の起点でもあった。
桃山時代よりこの地に居を構える松野醤油は、
江戸時代後期、初代松野新九郎が、御所に仕えるかたわら醤油醸造を始め、創業した。

鷹峯の醤油蔵

現在の当主、松野傳吉さんは六代目。業界全体が機械化の進んだ今でも、ほとんどの作業を手仕事で行い『京都らしく、優しい』と評される醤油をつくり続けている。

「戦前の頃までは、鷹峯周辺の個人のお客さんが顧客の中心でした。その頃はまだ、全国的な大手メーカーは無く、京都市内にもかなりの数の醤油屋がありましたから。今で言う地産地消でしたね」

戦中、生活に欠かすことのできない醤油の醸造会社は、府下のすべての会社が味噌醸造業とともに統制会社として統合され、業界全体がひとつの組織となった。この統制は昭和二十六年に解散するまで続き、解散後、松野醤油は株式会社として独立することとなる。

「戦時中は材料も人の手も足りず、学徒動員で手伝いに来た学生さんが、貴重だった小麦の代用品として配給を受けた海草で醤油づくりをすることもありました」

また、戦後経済の活況も地方の醤油蔵には追い風にはならなかった。世の中のあらゆる物価が上昇していく中で、日常生活に必要な醤油は大きな値上げが行えなかったためだ。また、同時期に大手メーカーの販路拡大が本格化したこともあり、終戦直後には市内に百件近くあった醤油蔵も、現在は五件程度にまで減少した。

それまで、鷹峯や丹波などの個人客との直接取引が中心だった松野醤油が、地元以外へ販路を拡げるきっかけとなったのが、昭和五十年代に行われた、デパートでの物産展への出展だった。以降、デパートでの取り扱いなども行われるようになり、京都以外での認知も高まることとなった。皮肉なことに、その物産展は「消えゆく京の味」をテーマにしたものだったという。

松野醤油六代目として、周囲から期待をかけられていた松野さんは、大学を卒業後、静岡の醤油蔵へ

本阿弥光悦
ほんあみ・こうえつ
（一五五八―一六三七）
江戸時代前期の芸術家。刀剣の鑑定・研磨、書画、蒔絵、陶芸、茶道、築庭などに長ずる。洛北鷹峯に芸術村をつくったことでも知られる。

と修業に出ることとなる。

「家業に入る前に一年間、父の知り合いだった蔵へ行くことになりました。そこは、うちよりも随分規模も大きい会社でした。住み込みで働き、勤めている職人さん達と一緒に寝起きしながらの生活でしたね。まだ、作業のあらゆる部分が手仕事だった時代です。夜明け頃からひたすら樽の中のもろみをかき混ぜ、本当に休む暇がありませんでした。『若いときの苦労は買ってでもしなさい』と良く言いますがまさにその通りですね。その後の私の仕事は、すべてその修業時代に覚えたことが基礎になっているんです」

上：木樽で仕込まれるもろみは何度も攪拌を行い、徐々に発酵し、熟成していく。
下：もろみに使う麹を仕込む室。常に三十度前後になるように室温調整されている。

特選
白みそ
手づくり
特選
もろみ
白荒みそ
あります
新発売
ゆずぽんず醤油
地方発送承ります
もろみ
本年仕込
マルマツ
新もろみ

こども
110番
のいえ

当時は出来上がった醤油を運ぶのもすべて人力で行い、大手だったその蔵では、一度にトラックに積む量が四斗樽で五十樽になることもあったという。「積み卸しだけでも本当に重労働でしたね。また、酒屋さんに運んだ醤油は、お客さんが持参する瓶に量り売りで販売されていました。あんな風景はもうどこ行っても見られませんもんなあ」

質素堅実

松野醤油のもろみ造りは、すべて手作業で行われている。

蒸した大豆と炒った麦を混ぜ、そこに麹菌を加えて室に入れる。室は昔のままの木造のものだ。木の呼吸を活かしながら常に三〇℃前後に温度を保つ工夫はまさに先人の知恵と言える。

麹に塩水を加え木樽で発酵させたもろみは定期的にかき混ぜながら熟成され、長いものでは三年間寝かすものもあるという。

丁寧に手をかけてつくられたもろみは、茄子、きゅうり、土生姜などの京野菜を漬け込み食用もろみとして販売されている。この「マルマツもろみ」は、もとは戦前に得意先へのお歳暮として配っていたもので、現在も地元、鷹峯を中心に多くの客に愛されている。また、ごく少量ではあるが、このもろみを絞り、昔ながらの手作業でつくられた醤油にきわめて近い「極上丸大豆醤油」もつくられている。

「親父からは『仕事は質素堅実にやぞ』と言われていました。昔ながらの手仕事は本当に重労働ですし、もろみが発酵するまでは常に状態を見ながら温度を調節しますので気も抜けません。今は作業の多くを機械に任せる事もできるのでしょうが、親父の言ったように真面目に、確実に良いもろみをつくるにはすべて手仕事で行うのが一番なんです」

現在、松野醤油では、もろみに加えて昔ながらのこいくち醤油、うすくち醤油、一年間熟成させた生醤油に、再度、麹を加えてさらに一年間熟成させた「さいしこみ　さしみ醤油」などが店頭に並ぶ。

「うちの醤油を楽しみにしてくれているお客さんがいる。それだけで続いているようなもんです。京都から他所の土地へ移ってからも『ここの醤油じゃないと』と言って買いに来てくれる方も多い。生まれ育った土地の味は染みついてなかなか消えるもんじゃありませんから。そういうお客さんのことを思うと、しんどくても続けていかなあかんなあって思うんです」

松野醤油

北区鷹峯土天井町二一

生まれ育った土地の味は
染みついてなかなか消えるもんじゃありませんから。

三嶋亭《みしまてい》

明治六年（一八七三年）創業

「牛肉　すき焼　三嶋亭」——豪快に筆を走らせた看板には、いつも胸を躍らされる。

三嶋亭が京都に肉食の息吹を吹きこんだのが、明治六年。

百三十年あまりの歳月が流れても、文明開化の興奮は未だ醒めていない。

食べ慣れているはずのすき焼が、ここでは未知なる味の体験でさえある。

「牛鍋食はねば開化不進奴《ひらけぬやつ》」と、喝采で迎えたかつての京都人の熱狂を共有しているような眩惑にとらわれるからだ。

牛肉
すき焼
三島亭

SUKIYAKI
MishimaTei
SANJO TERAMACHI

寺町三条

寺町通りの歴史と由来

ここ寺町通り三条は、東海道を延長した三条通りと寺町通りの交差点で、桃山時代以来、繁華をきわめたところである。三条通りは、平安京の三条大路にほぼ該当し、古くから、東国・西国に通ずる道路として重視された。

寺町通りは、平安京のほぼ東京極大路に当たり、南北を通貫していた。中世には、戦乱によって衰退していたが、天正十八年(1590)から始まる豊臣秀吉の京都大改造によって、道路が修築・再生された。主として、洛中に散在していた諸寺院が、この通りの東側に強制的に移転させられたので、「寺町」の名が付けられた。西側には多くの商店が軒をつらねた。数珠屋・位牌屋・石塔屋・仏師・書店・筆屋・楽器屋・人形屋・紙表具屋・扇屋・白粉屋なども、京都文具・装飾関係の店があり、多くの人々を誘った。

Teramachi/Sanjo
— The History and Origin of Teramachi

This marks the intersection of Teramachi extending from the former Tokaido road, and has been since the Momoyama period (late 16th c.- early 17th street roughly corresponds to the Sanjo oji during Kyoto's title as capital during the Heian period c.) and was regarded as a road important in leading western regions of Japan.

Teramachi street roughly corresponds to the Heian-kyo that ran north and south. During the medi of Higashi Kyogoku oji waned because of the war, but of Kyoto began in 1591 guided by Toyotomi Hideyo leader), through which the roads were restored and re most of which were dispersed in the city of Kyoto onto the east side of the street, whereupon it was literally means "temple street." No west side has long row of shops, making and/or selling a variety rosaries, Buddhist memorial tablets, tombstones, images, books, writing brushes, musical painting/calligraphy mountains, folding fans, face p specialized in religious, stationery and accessory people.

明治維新　文明開化の花と肉

「明治初期は、日本人自体が、江戸時代の鎖国から解放されて、新しいものを求めていた時代なのかもしれません。京都は、江戸に移るまで非常に長い間都でしたから、精神的にもある程度型があるというか、凝り固まった中にいたので、多少、開放を求めるところが時にあったかも知れませんね」

五代目の三島太郎さんは当時に思いを馳せる。初代の三島兼吉もその一人だったのかもしれない。兼吉はもともと御所の公家侍に仕えていた身だったが、御法度とされていた、同じく宮中に仕えていた女性ていと道ならぬ恋に落ちてしまう。それが主に聞こえるところとなり、二人は呼び出される。お互いに惚れた病に薬なしで、この時は二人で死を覚悟した。が、主は罰の代わりに金包みを二人に渡した。「これでどこへでも行きなさい」という心づくしだった。二人は主の心意気に感謝し、手に手をとって京都を離れ長崎へと渡った。

貿易港として異文化の風が吹く新天地にやってきた二人は、新鮮な空気を存分に吸い込んだに違いない。そのなかで、牛鍋は特に強烈な印象をもった。

「『これだ』という、それこそ先見の明が働いたんでしょう。御所で伝統的な食事に慣れていた二人には、本当に衝撃だったと思います」

二人は牛鍋を習い、数年後京都へ戻ってきた。仏教の影響でタブー視されていた肉食を、輪をかけて封建的な京都に持ち込もうと考えたのだ。しかも、寺町三条という名前通り寺が集まる街のど真ん中に、三階建ての「三嶋亭」を開

大正十二年、三嶋亭の前で優等賞の牛と記念撮影。

業したのだから、兼吉はよほど肝の座った人物だったのだろう。

「木造の三階建ては本当に珍しいです。斬新でハイカラな考え方だと思いますね。建物は今年で百三十四年経ってますが、いい腕の大工さんにつくっていただいたんでしょうね。修繕はしてますけど、そのままで残せています」

一階にショーケースをつくり新鮮な肉をずらりと並べ、二階、三階を座敷にした。ショーケースの前は、物珍しさで常に人だかりができていたことだろう。三嶋亭が開業するや否や、牛鍋は京都人の中で流行し、兼吉夫妻は大成功を収めたのだった。

三嶋亭の肉

三嶋亭のすき焼は、熟練の仲居さんが手際よく調理してくれる。

「やっぱり、プロの調理技術を持った者が最後までつくるのが、一番おいしく三嶋亭のお肉を食べてもらう方法です。そのための仲居の訓練は、欠かせません」

南部鉄であつらえた八角の鉄鍋が電熱器でじわじわ温まってくると、砂糖を敷いて、見るも見事な霜降り肉を一枚のせる。割り下をかけて程良く炊きあがると、まずは肉だけを食べる。商売道具を真っ裸の状態で惜しげもなくさらけだすというこの離れ技は、「どこに出しても恥ずかしくない肉」という自負があるからだ。

季節を楽しめる坪庭や漆芸家、番浦省吾作の欄間が部屋を彩る。床の間を飾る桜の木は洒落ていて粋である。

あとは、葱、玉葱、三ッ葉、安平麩、豆腐などを入れて、二枚目、三枚目の肉と炊きあげ、野菜と一緒にいただく。炊き方も秘伝の割り下も創業当時とは変わらない。

牛肉は、かつては京都の加茂牛を使用していたが、四代目、五代目からは流通の発達に伴って、京都の市場をはじめ、大阪、東京に買い付けに足を運び、全国の産地の和牛から厳選する。肉は三嶋亭の生命線ゆえ、当主自ら足を運ぶ重大な任務でもある。五代目は、十五歳の時から父親に連れられセリ場へ通っていたという。

「父は『俺の選んだ牛、俺の背中を見とけ』と、何にも教えてくれません。それで、ずっときてましたんで、自分で勉強するしかないですよね。でも、いつまでたってもセリを任せてくれないから、自分は大阪のセリ場に権利をとって、セリをするようになりました。こうなると、親父と私で戦いです。父親が京都でどんだけいい品物を自分が思ったいい値段で買うか、僕は大阪へ行って、どんだけ彼よりいいものを賢く買ってくるかの対決です」

こうした真剣勝負が、目利きとしての力量を格段に上げた。今では、肉を一目見ただけで良し悪しがわかる。さしの肉色や肉質から、農家の愛情までを見抜く。

温まった八角形の鉄鍋に砂糖を敷き、その上に鮮やかな霜降り肉をのせ、割り下をかけ、さっと炊いてまずは肉だけを食する。次に、青ねぎ、玉ねぎなどの野菜類、しらたき、豆腐などを入れ、肉と共に味わう。最後は、割り下と肉の旨味が十分にしみこんだ安平麩で締めくくる。

「牛の味は、農家の方が丹念に手間暇かけ愛情を注いだかで質が変わります。そこは、人間と一緒ですね。産地の名前がブランド化してますけれど、それにもこだわりません。確かに有名な産地はいいのが出る確率が高いのはありますけど、有名じゃないところでも一生懸命飼って育ててくれているのもあります。素材の良さや、こだわりをセリの中で毎日見極めるというのが必要です。それが肝心要ですね」

人々の健康を守る

五代目の仕事場は常に現場だ。牛の仕入れだけではなく、熟成度合いを見て各支店へ仕分けたり、肉のさばき方のチェックをしたり、仲居やフロントマンへの指導にも目を配らせる。人生を賭けて三嶋亭を守り継ぐ、五代目が腹をくくったのは、三十一歳の頃だという。鬼番頭と恐れられた職人に丁稚扱いでしごかれた数年よりも、父親が目の前で倒れた瞬間の方が、一番心にこたえた。

「頭の中が真っ白になりました。『救急車』と叫んだら、一分後に父親が起き上がって何事もなかったように『さぁ、行こかぁ』言うんです。『病院行こ、今救急車呼んだから』て言っても、『何がや、大丈夫や』と歩き始めるんです。その時に、僕は決断しましたね。今思えば、先祖が見せつけてくれたのかな。父親が僕の目の前で倒れたことで、目が覚めたということは、目に見えない力が働いてたような気がします」

三嶋亭を五代目が引き継いで四年後の二〇〇一年、BSE問題が勃発した。青天の霹靂とはまさにこのことで、風評被害のあおりをうけて、三嶋亭は、予約電話が減り、ひと月ごとに売り上げが一割ずつ下がった。なぜ自分の代でこんなことが起きるのか……どん底に突き落とされた気がした。

「従業員のボーナスや役員給与減。みんなには申し訳ないけど、肉を一キロずつ現物支給しました。

それが、ちょうど十二月二十五日にサンタクロースが来てくれたんです。前京都府知事の荒巻さんがいらっしゃって、『この大変な時期だけども三島さん、もうしばらく我慢しなさい。行政が検査体制をしっかりするから』て言うてくれはりましてね」

年が明けると、ゆっくりだが売り上げが回復してきた。持ちこたえられたのは、辛抱の一言に尽きるだろう。が、今まで客に嘘をつくことなくまっとうに商売をしてきた蓄積があったればこそであることは、論を俟たない。

「牛さんの命によって、人間の健康や命がつくられている。それで、自分は商いができているというのは、常に感謝しなくちゃいけないことでもあるんです。おいしいという味覚の刺激の喜びもあるかもしれないですけど、肉は栄養源。動物性たんぱく質を取り入れて、健康になってもらうことが使命です。目的はお金じゃなくて人々の健康なんです」

三嶋亭

中京区寺町三条下ル

牛さんの命によって、人間の健康や命がつくられている。それで商いができているというのは、感謝しなくちゃいけない。

みなとや幽霊子育飴本舗《みなとやゆうれいこそだてあめほんぽ》

慶長年間（一五九六～一六一五年）創業

ひとつ、コロンと口に入れると、やさしい甘さが体中を包み込む。

美しい琥珀色をした、金槌で叩き割っただけの大きさも形も不揃いな飴は、どこまでも素朴で、いつまでも変わらない。「みなとや」は、六道の辻界隈でこの飴を四百五十年以上つくり続けている。

創業年は定かではなく、「四百五十年から五百年の間」とだけ伝わっているそうだが、飴ひとつでこの歳月を乗り越えてきた店は、全国を見渡してもそうあるものではないだろう。今から四百年ほど前の慶長四年、普通の飴屋だったみなとやを一躍「幽霊子育飴のみなとや」へと変えてしまう不可思議な出来事が起こる。

京名物
幽靈子育

みなとやから幽霊子育て飴のみなとやへ

ある秋の夜更け、みなとやの主人がいつものように店を閉め、眠りにつきかけていた頃、戸をトントンと叩く音がする。何事かと戸を開けてみると、青白い顔色の若い女性が立っており、飴を買いにきたという。「こんな夜中に飴を……」主人は訝りながらもその女性に飴を渡し、もらったお金を銭箱に入れて、再び床についた。

翌朝、銭箱を開けると、入れたはずのお金が、木の葉に変わってしまっている。その日から、毎夜若い女性は夜更けに来ては飴を買い求め、次の日にはお金が木の葉に変わるという不思議な出来事が続く。いよいよ不審に思った主人。今日も買いにきた若い女性の後を追い、こっそり尾行してみると、たどり着いたところが墓場。若い女性は、墓を前にして、すうっと消えてしまったのだという。

翌日、その墓場へ再び行くと、赤ん坊の泣き声がどこからか、かすかに聞こえてくる。声をたどれば、昨夜若い女性が消えた墓からだ。お坊さん立会いのもと墓を掘り起こしてみると、例の若い女性の遺体が横たわっている。そのすぐ隣には、赤ん坊が飴をしゃぶりながら泣いていた。「死んでから、墓の中で赤ん坊を産んでしまったのか。お乳が出ないから、赤ん坊を育てるために、幽霊になって飴を買いに来たのか……」わが子を育てようとする母親の切ない思いに、主人は涙したのだった。

赤ん坊はその後、寺へ預けられ高名な僧になったという。実在のモデルは、上京区立本寺の日審上人だと言われ、寺に祀られている上人の木像は安産守護の信仰がある。赤ん坊の母親の方は「江村氏の妻」とされているが、江村氏が何者であるか今は知る由もない。ちなみに、この話を発展させて生まれたのが「幽霊飴」という落語だ。女性が消えた墓を高台寺の墓として、「高台寺＝子を大事」という落ちに仕立て上げているため、みなとやに伝わる話とは若干の相違点がある。

さておき、この切ない出来事で運命が一変したのは「みなとや」である。たちまちのうちに都中に話が広まって、いつのまにかその飴は「幽霊子育飴」と呼ばれるようになる。みなとやは、「幽霊子育飴のみなとや」として世に喧伝されることとなったのだ。

「幽霊子育ての話は、実話としてずっとうちの店に伝承されているものです。今は『幽霊子育飴』という商標登録もとって、商売もさせてもらってます」

みなとやの主人はおおらかにそう話す。なるほど、みなとやと幽霊話は、両輪のごとく。幽霊がお金（木の葉）を入れた銭箱が、家宝として今もなお大切に受け継がれていることからも、共に店の歴史をつくり上げてきたという思いがうかがえる。

ふぞろいな形と固さと素朴な甘さ

ほんのりとした甘さが味わい深い、みなとやの幽霊子育飴。口の中で転がすとコロコロと音が鳴る楽しさは、不規則な形と硬さゆえのことだろう。

大正の中頃くらいまでは、この特徴的な音はしなかった。やわらかい大きな飴の塊を、竹の皮で包んで売っていたのである。買った者は、思い思いの大きさにちぎって飴を楽しんでいたのだろう。昭和の時代になると、携帯のしやすさ、すぐに口に入れられる手軽さを追求し、現在の固さへと改良された。煮詰めた飴を桶に流し込んで冷やし、飴が固まると鑿《のみ》と木槌でカンカンと叩いて、食べやすい大きさまで細かくする。

「明治ぐらいの桶が店には残ってます。飴をいろんな材料で何時間も煮込んで、何時間かおいて完全に固まったら、あの桶にポンとあけて、コンコン割ってたんでしょうね」

昭和の始め頃までは、飴づくりも販売も店舗で行っていたが、以降は、製造を別の場所に移している。つくり方は、飴を叩く鑿が金槌に変わり、桶が金属製のものに変わったくらいで、ほとんど変わっていないという。

「職人さんが手で割ってるので、どうしても形がバラバラになってしまう。今の時代は、みんな正確で同じ形の飴が多いですが、素朴で不規則な飴もいいでしょう」

原材料の麦芽水飴も砂糖も国産にこだわっているとのことで、昔からの味が守られている。さらに言うと、麦芽糖は、低カロリーかつ整腸作用にも優れているという。女性にとっては強い味方なのだ。

P260上：六道参りの頃になると、店内は参拝客でひしめきあう。下：あの世とこの世の境域と考えられた六道の辻。六道珍皇寺門前に石碑が建っている。
P261：金槌で叩き割っただけの形が、昔と変わらない素朴さを伝えている。

みなとや幽霊子育飴本舗

「胃腸に入ったら消化を助けてくれて腸を整えてくれるという、麦芽糖にそんな効果があると思って、当時の先祖さんはつくったわけではないでしょう。ただ、飴というのは、栄養のあるものやと、みんなに食べてもらいたいと思って売り出したんだけは確かです」

飴を売り続ける使命感

一時、みなとやにも存続が危ぶまれた時期があった。平成の始めに、後継者難に見舞われたのだ。店舗は閉じ、飴だけは委託販売という形で別の店で売ってもらうという期間が続いた。

その危機を乗り越えて、みなとやを引き継ぎ、二〇〇五年十二月に新しく店舗をつくり上げたのが、現みなとや店主である。

「誰かがやらないといけないという思いがあった。何百年と続いているので、誰かが継いでいかなあかん、絶やすわけにはいかんと。やっぱり身内で血がかかっているもんが継いでいかなあきませんから」

店主にとってみなとやは、小さい頃から慣れ親しんできた故郷のようなもの。継ぐのには一切抵抗はなかったという。

「六道さんのお祭りの時は、父親も母親も泊まりで店へ来てましたんで、それこそよちよち歩きくらいのときからこの店に出入りしてたんでしょう。小学校上がりたてくらいになると、店の横で『いらっしゃいませ』と声を出して、呼び込みもしてましたね。そういうのを小さい頃からやっていたので、店には愛着があるんです」

幽霊子育飴の話にあやかって、お腹に子供を宿した女性が買いに来たり、生まれたばかりの子供の健やかな成長を祈るため、縁起担ぎに買い求める母親がいるなど、みなとやには、飴を売り続ける定めのようなものがある。

「飴を販売するのは、先祖さんが暖簾をずっと大切に思って、使命感を持ってずっと引き継いでこられたからこそなんやと思います。ずっと引き継いでいかなあかんという気持ちはあります」

もっとも、五袋、十袋など、常のお菓子として毎月買いに来る常連さんが京都人にいることが大きな支えだ。

「地元に愛されてきたという気持ちがありますね。まとめて買ってくれはる常連さんは、それこそ、毎日舐めはるんでしょう。私も小さい頃から舐めてきたもんですし、今もたまに食べます。さっぱりとした甘さがいいですね」

みなとや幽霊子育飴本舗
東山区松原通大和大路東入二丁目八十番地の一

誰かがやらないといけないという思いがあった。何百年と続いているので、継いでいかなあかん、絶やすわけにはいかんと。

加茂川や流れに清き千鳥すむ――。

かつて、鴨川の上を優雅に飛んでいた千鳥を詠んだ古歌にちなんで名付けられた村山造酢の商標「千鳥酢」は、京都の味に欠かせない調味料として料理店や家庭で広く愛されてきた。創業は享保年間。備前池田藩に仕えていた初代が、京都で酢や醤油などの醸造物の商いを興したことがその始まりとされる。漸次、酢の需要が高まり、屋号を井筒屋として清酢の醸造を行うようになっていく。当時、酢は食用と並んで友禅染の色止め剤としても多く使われており、友禅流しが盛んに行われていた鴨川に程近い井筒屋では、その需要も大きいものであったという。

明治時代には屋号を村山造酢にあらため、現在に至る。

村山造酢《むらやまぞうす》

享保年間（一七一六～一七三六年）創業

鴨川の千鳥

「創業当時は、現在の場所東山三条ではなく、三条木屋町に店がありましたので、鴨川で行われていた友禅流しや千鳥の飛ぶ風景は身近なものだったのかもしれません。友禅染めの色止め剤としては、専用の薬品がつくられた明治時代まで使われていました。創業当初は、食酢よりも需要が大きかったようですね」村山造酢の十代目、村山忠彦さんはそう話す。

千鳥酢は「まろやかな、きつくない味」が特徴とされる。その製造方法や工程において、他の醸造蔵とはどのように異なるのか。

「酢のつくり方は、いつの時代もどこの蔵でもそんなに変わりません。違うのは米と水。そして最も大きいのが菌の違いです」

「酢の醸造に使われる酢酸菌は一種類ではありません。何種類もの菌が味や香りに直接関わり合ってきます。醸造蔵に棲んでいるこれらの菌は、決して他所の蔵にいるものとは同じではありません。先代達が残してくれた最大の資産ですね。この蔵の菌でなければ千鳥酢はつくれませんから。阪神大震災の時、蔵が損傷しましたが、菌を失うこと考えて建て替えはせず修理、補強だけにとどめました。酢酸菌が死んでしまうと、二度と同じ酢をつくることはできませんから」

酢の醸造は、酒の醸造とほとんど同じ工程を経て行われる。さらに酢は、もろみの状態の酒を圧搾し原液をつくり、そこに酢酸菌の入った「種酢」を加える。蔵の個性とも言える種酢を加えることによって、徐々に酒が酢に変化していく。

千鳥酢は米を原料に、酢になるまで約十五の製造工程を経てつくられている。「醸造の仕事とは、簡単に言うと菌が活動しやすいように環境を整えてあげる仕事なんです。人はそれに手を添えるだけ。菌が大きく酢の出来を左右するということです。京都の方においしいと言っていただけるのも、うちの蔵の菌が京都の料理に向いていたということなんでしょうね」

得意先の言葉

村山さんは大学在学中、就職をするか、家業を継ぐかで迷っていた。「当時は景気も良かったし、地味な家業よりも、サラリーマンはすごく魅力的に見えていました。家の仕事を継ぐつもりはあまりありませんでしたね」そんな時、先代である父が何気なく話したことが村山さんの考えを変える。

もともと大学で醸造の研究を行っていた先代は、先々代が亡くなったことにより、大学を辞め、家業を継がなければいけなくなった。しかし、大学に残って研究を続けたいと渋る先代に、ある得意先の主人がこう言って諭したという。『大学の研究はお前がやらんでも、なんぼでもやる人はおる。でも、千鳥酢を継ぐのはお前しかいない。ここで継がへんかったら、今まで千鳥酢を盛り立ててきた周りの者にどう申し開きをするんや』

「私も父から同じように諭されました『サラリーマンはほかの人でもできる』と。そして、父も自分と同じように迷ったこと、お得意さんからこの話しをされたこともその時に知りました」

村山さんは家業を継ぐことを決め、食品関係の商社に三年間勤めた後、村山造酢十代目となった。「家業を継ぐかどうかというのは、自分や家の問題だけではなかったということですね。どんなに良い酢をつくったとしても、それを気に入って使い続けてくれる周りの人たちとの関係も大事にしないと。それだけ期待されているということですから。父も大学に籍を置き、講師を続けながら家業を継ぎ、醸造の専門家として村山造酢の酢づくりに非常に大きな影響を与えました。今から思えば、私も父も継い

P268：酒に酢酸菌を加えて発酵をさせるタンクにはござを巻いて、菌が活動しやすい環境をつくり出す。工程の随所で機械化が進んだ現在でも、発酵の様子を見守り代々変わらぬ味に仕上げていく作業は熟練の職人にしかできない。
P269上右：かつて量り売りが販売の中心だった頃の枡。上左：江戸時代頃に使っていたと思われる大福帳や仕込帳が今も残されている。下：ご用聞きや配達の際に客から印をもらうために使われていた判取帳と携帯用の筆。

五合

で本当に良かったと思えますね」

京都の街との関わり

古くは、紀元前からその記録が残るという酢は、千鳥酢のように米を使った穀物酢や、リンゴやブドウを使った果実酢など世界中でさまざまに形を変えてその地域の食文化とともに発展してきた。

「酢は地域の食文化に大きな影響を受け、また影響を与えながら独自の酢の味が出来ていくんです。だから、昔から京酢はまろやかで丸みのある味が特徴ですし、それが京料理によく合うのも当然なのかもしれません。他の地域には、当然独自の酢文化が発達しています。香りの強さや味の特徴は、その地域の食文化そのものなんでしょうね」

良い酢をつくり続けていくためには、種酢と並び良質な材料を確保することも必要となる。「京都の豊かな天然の水には非常に恩恵を被っていますね。米は福井県のものを使っています。戦中、戦後は材料も満足に手に入らずとても苦しんだ時期があったそうです。これからも、材料の確保で困ることがあるかもしれない。そう思うと、長く付き合って信頼関係のある仕入れ先との関係は大事にしていきたいですね」

京都で創業し、京都の味として愛され続けてきた千鳥酢。創業二百七十年を超え、社会との関わりもさらに重要なものになっていく。

醸造蔵の風景

「世の中に対して、私達の仕事でできることと言ったら限られています。まず、良い酢をつくってお客さんに喜んでもらうこと。次に、利益を社会に還元すること。そして、仕入れ先、得意先、地域の人達から『いい会社やなあ』と言われ従業員が誇りを持って働ける会社にすること。これからの村山造酢を考えるとき、会社の規模を大きくするよりも、より多くの人に愛される会社でありたいといつも思うんですよ」

大正初期の店舗

村山造酢

東山区三条大橋東

家業を継ぐかどうかというのは、自分や家の問題だけではなかったということですね。周りの人たちとの関係も大事にしないと。

八百林

香樹園《かじゅえん》 八百林《やおりん》

明和六年（一七六九年）創業

御所の真向かいに店を構える果物店、八百林の創業は明和年間。当初は青果物を商っており初代林右衛門の名から八百林と名付けられた。その立地から、御所周辺に居を構える公家にも青果物を納めていたという。昭和五年頃から、現在のように果物を専門として扱うようになり、現在は鈴木富久子さんが店を守る。

御所の向かいの果物店

創業当時から現在の地で仕事を続けてきた。二〇〇七年には、京都市の京町家改修助成モデル事業の指定を受け、新しく町家を改装した店舗になった。

「あまりにも古かったので、当初は取り壊しも考えていましたが、設計者の方からも『改装して生まれ変わらせましょう』と励まして頂いて。それに私自身も店を昔のような町家にしてみたいという思いもありましたしね。父は生前、ビルにしたかったようです。今のこの店を見たらなんて言うでしょうね」

御所の前という立地から建築物の高さなどに対する規制もあり、最初の図面がつくられてから三年後の完成となった。

「改装後、それまでの店の雰囲気と一変したので、店が無くなったと思うお客さんもおられましたね。店の場所は変わっていないのに、これだけ印象が違うのかと不思議か感じがします。以前よりも間口が広くなってお客さんに果物を見てもらいやすいようになりましたし、何より『店の顔が変わったね』と言ってもらえるのが嬉しいですね」

果物の自動販売機

かつて、八百林の店頭には果物の自動販売機が置かれていた。店が営業していない時間でもおいしい果物を食べてもらえるようにと富久子さんの父親、先代の栄蔵さんが考案したものだ。日本で初めての果物の自動販売機は一九九〇年から十年間にわたって設置され、物珍しさも手伝って人気を博した。

「父は新しいもの好きでしたから、やると決めたら実行に移すのは早かったですね。もちろん果物用の自動販売機なんてありませんから、大きさが合いそうなものを見つけてきて流用していました。中に

大正期につくられた果樹園の看板。損傷が激しかったため店舗の新築に伴って新しくされた。

はスイカやリンゴなど季節のものを並べていました。父は毎日、自動販売機に合うサイズや価格のものを考えて、その日何を入れるかで随分、頭を悩ませていたみたいです」

富久子さんがこの仕事に入ったのは二〇〇二年のこと。栄蔵さんが病気に倒れ、結婚して家を出ていた富久子さんが手伝いに戻ったことがきっかけだった。

「父が倒れた日、大量の注文があったんです。とりあえずその日はなんとかしないといけないと思って。その後、自分が店をやるかどうかなんて全く考えていませんでしたね」幼い頃から父の仕事を見ながら育った富久子さんだが、父からは家業を継ぐことについては何も言われたことはなく、また、仕事を教え込まれるようなこともなかったという。

「子供の頃は、店がそのまま住まいでしたから、まさに『職住一体』。父が仕事をしている姿をなんとなく見て覚えていたんでしょうね。当時は、家族でごはんを食べるようなことも無かったし、常にお客さんの出入りがあるから、ラフな格好でくつろぐということもありませんでした。だから、父が倒れて入院した時に、病室で着るような楽な服が一着も無かったんですよ」

日光や風の当たる位置を考え、常に並び変えることが果物の熟し具合を大きく左右する。

父から学ぶこと

父の跡を継ぎ、富久子さんは父の仕事ぶりを思い出しながら、そこに自分なりのやり方を加えてきた。父はその長い経験から、果物の知識に精通し、また、店に置く商品はすべて自分で味を確かめるほどこだわりを持った仕事をする人だった。

「自分で仕事をするようになって、父がこれまでしてきたことがどれほど大変だったかを知らされましたね。仕事は子供の頃から見ていたつもりですが、見て覚えた知識だけでは全然うまくいきませんでした。自分で果物を触って、切ってはじめてわかることばかり。父のようにお客さんに自信を持って果物を薦める。簡単そうに思えていたことがこんなに大変だとは思いませんでしたね」

一見、何気なく並べられているように見える果物も、その向きや風にあたる位置を考えて陳列されている。また、客が買いやすく食べやすいようにとカットされた果物には必ずロスとなる端が出て傷みも早い。そんな果物屋にとっては当たり前のことでも、身に付けるためには自身で経験を重ねる必要があった。富久子さんは、父が毎日なにげなく行っていた仕事をなぞりながら自分のやり方を身に付けていく。

「父はどんなにお客さんが欲しがるものでも、自分が気に入らない果物は決して店に置こうとしませんでした。それは父なりの考えがあってのことだったと思いますが、私は逆です。お客さんの声はどんなに小さいものでも拾って店づくりに活かしていきたい。長くこの仕事をして、経験も自信もあった父とは違い、私はお客さんのどんな声でも吸収してやっていかないと父のようにはなれませんから」

贈答用や見舞い用などの需要が多い八百林では、果物の質の高さを維持する目利きも大きな仕事になる。現在に比べ流通網が発達していなかった頃は、客の手に渡る時間までを考えて少し未熟なものを選ぶこともあったという。

「高価なものですから、仕入れには気を遣いますね。いつもその時期の旬のものを揃えるようにしています。また、生ものを扱う難しさもあります。いくら、良い果物を仕入れても食べ頃を逃してしまうと台無しですから」

「高価なものを扱っていますから、一年に一度、中には数年に一度お店に来て頂けるというお客さんも多いです。『贈り物は八百林さんで』とおっしゃって頂くと本当に嬉しいですね。店の仕事を始めた頃は、私自身ずっと続けられるかどうかはっきりしていませんでしたが、このお店を贔屓にして下さるお客さんのためにも頑張らないと。お店を改装してしまった以上、もう逃げられないですからね」

香樹園 八百林

中京区丸太町通烏丸東入光り堂町四二三

父は気に入らない果物は決して店に置こうとしませんでした。私は逆です。お客さんのどんな声でも吸収してやっていかないと父のようにはなれませんから。

山中油店《やまなかあぶらてん》

文政年間（一八一八～一八二九年）創業

油断大敵——。かつて生活の灯りのすべてを油で賄っていた頃、油を切らすことは現在では考えられないほどの危機感を伴うものだった。菜種、胡麻、大豆などの原料から得られる油は、絞り方や精製方法によってさまざまな用途に適した生活必需品となり、人の生活を支えた。

文政年間より続く山中油店は、油の需要が灯明用から食用へと移り変わった現在も、全国の産地から良質な油を厳選し、京都の街に提供し続けている油専門店だ。築二百年近い重厚な店舗に一歩足を踏み入れると、創業当時からこの店を支える大黒柱がどっしりとした姿で迎えてくれる。

現在では、市内中心部でも珍しくなった本格的なこの町家は、国の景観重要建造物、登録有形文化財にも指定され、建築物としての歴史的価値も高い。

油を売る

「十年ほど前までは、この店先で量り売りもしていましたけど、今は限られた油だけになりました。個人的には、あの、のんびりとした風景が好きだったので少し寂しい思いがしますね」と五代目当主、山中平三さんの次女、浅原貴美子さんは懐かしそうに話す。

油が柄杓から漏斗《ろうと》をつたってトロトロと落ちていくのを、油屋と客がお喋りをしながらゆっくりと待つ。この風景は食品衛生上の問題や、生活様式の変化によって現在では見ることができなくなってしまったが、灯明用の菜種油や髪の手入れ用の椿油の販売は今でも量り売りで行われている。

食用油が一般的となったのは、戦後、洋風の食事が庶民にまで広まった時期であり、戦前までは、ごく一部の上流階級だけのものだった。それまで需要の中心は、灯明用や建築、工芸用油だった。特に建材用油は、町家の紅殻格子《べんがらこうし》(1)の艶を保ち、風雨の影響から家を守るための塗料として広く使われた。建材用油として使われるのは、防水性が高く木材の表面をコーティングする荏油、桐油、亜麻仁油などの乾性油と防虫、防腐効果に優れ、木材に染み込む半乾性油の菜種油、そして不乾性油の椿油などがある。

「油の特性や、塗装後の艶や色、手触りなど好みで使い分ける方が多いですね。うちではしっとりと落ち着いた風合いになる菜種油で月一回、紅殻格子を磨いています。定期的に磨くことで建物への愛着も深まり、後世へ引き継ぐ責任感も湧いてくるのです」

質素倹約を旨とすべし

山中油店の初代、山中平兵衛は当時隣にあった醤油屋から暖簾分けを受けて独立し、その後、廃業した油屋から商売の権利を買い受けて山中油店を創業した。その後二百年、代々当主の名前に付けられた

紅殻格子(1)
紅殻と呼ばれる酸化第二鉄(赤サビ)を主成分とした粉末に油を混ぜて塗られている格子。紅殻には防腐、防虫効果がある。

P283：築二百年近い店舗は国の景観重要建造物の指定を受けている。店内にはかつて油を運ぶために使われていたトロッコのレールが今も残されている。

——山中油店

山中油店

亜麻仁油

YAMANAKA
CORN OIL
山中油店
胡麻油
中油店

「平」の一字とともに店は受け継がれ、現在は山中平三さんが五代目の当主となる。「現在も商号に使っている『山に麹』の図案は、醤油屋をしていた頃の名残りです。うちの人間はこういったマークをつくるのが好きなようで、父も戦後すぐに名前の『平』の字からアルファベットのHをモチーフにしたロゴマークをつくり、油の瓶に貼り始めました。昭和二十年代のことですからかなり珍しいことだったんじゃないでしょうか」

明治に入り、山中油店は仕入れ先、販売先など現在の商売の原型が出来上がり、油専門店としての地盤を固めていく。この頃の山中油店は「店から嵐山まで、他所の土地を踏まずに行ける」と言われたほど、多くの山林や田畑を所有するまでになっていたが、代々の当主は過剰な贅沢はせず、また、寄付をすることも多かったという。「明治四十年、府立第五中学校（現在の府立山城高校）の創立時に、その用地を寄付しています。その事を報じた当時の新聞記事の写真に三代目平吾の姿が写っていますが、なんともつつましやかな身なりで、初めて見たときには目を疑ってしまいました。そやかて、とても大き

P284右上：建材用・工芸用油は種類ごとに容器に分けられ、現在も量り売りが行われている。右下：山中油店で扱う食用油。一般家庭をはじめ、料理人の愛好者も多い。油の種類ごとに瓶に貼られているラベルも凝ったものが使われている。下：豊かな西陣の地下水を利用して当代がつくった水車。店の外側からも見ることができるため、通りを往く人々の目を楽しませる景色となっている。P285上：かつては行商などにも使われていた油桶。下：菜種油をつくる際に菜種を炒るのに使っていた炒り鍋。

な寄付をするような人には見えませんでしたから」

山中油店の家訓には「質素倹約を旨とすべし」とある。「（五代目の）父も、朝は誰よりも早く店に出て、夜は『油屋が火事出したらアカン』と閉店後、近所の見回りを欠かしませんでした。商売が上手くいっていても贅沢しないで、真面目にやれというのが身に付いていたんですね。家訓のおかげか、店の建て替えや大きな改修も無かったですし。それが、今ではこんな古い町家は珍しいと人が見に来はるようになりました」

オリーブオイル

店内を見渡して、一際目に付くのが国産油と同じくらい多くの種類が揃えられたオリーブオイルだ。

「実際にイタリアの生産者を訪ねて、すべて直輸入で仕入れています。日本でここにしかないものも多いんじゃないでしょうか。日本の油が植物の種から絞るのに対し、オリーブオイルはオリーブの実から絞るため、産地の気候や地形の影響が油に表れやすく、生産者の工夫も千差万別です。油の専門家としてはこんなに面白い商品は無いんです」

自ら現地へ赴き、製法、品質に納得したものしか仕入れない。国内では当たり前のそんなことも、当初は不安ばかりだったという。「私達のことを知らないイタリアの生産者がどんな対応をするのかという心配がありました。大手とは違い、一度に仕入れる数も少ないので、そもそも相手にしてくれるのかと。でも、『私達は日本で二百年、油を売っているんです』と自己紹介すると、『うちは百年、油を絞っている』『俺は四代目なんだ』と、次第に同業者としての信頼ができるようになり、最後には『おたくなら任せられる』と言ってくれるようになりました。国や言葉は違っても同じ油を扱う者同士、通じ合

山中油店で扱っているオリーブオイル

えるんだということが嬉しかったですね」

信頼関係の輪は広がり、オリーブオイルの取り扱い点数は年々増えている。「農園や製造過程まで見て、自分が選んだものだから、お客さんには自信を持って薦められる。よく、『おたくみたいな古いお店にこんなハイカラなもん置いてはるの！』と驚かれますが、うちの店は二百年、日本で一番古いとされている胡麻油でもせいぜい千年の歴史。オリーブオイルは五千年以上、世界で最も古い油なんですよと説明しているんですよ」

「二百年続いた老舗という先入観で、古いことを頑なに守り続けていると思われることが多いです。でも、非常に新しいもの好きでもあり、これまでも良いと思った事はどんどん取り入れてきました。オリーブオイルを仕入れ始めたときも、『品質に惚れ込んだ油なら、日本もイタリアも関係ない』という気持ちだったんです。時代が変わり、油の用途や扱う品目は変わっても、代々、油に対して真面目に商売してきたことが、今のお客さんからの信頼に繋がっているのがよくわかる。だから、これからも油にだけは嘘をつけないですね」

山中油店

上京区下立売通智恵光院西入ル

代々、油に対して真面目に商売してきたことが、お客さんからの信頼に繋がっている。

京の台所、錦市場に店を構える湯波吉は寛政の時代に初代、吉兵衛が現在の地に
創業したことが始まりと伝えられている。現在は九代目、越智元三さんが毎日新鮮な湯葉をつくる。
肉食を禁止する仏教では植物性蛋白質を摂取でき栄養価の高い湯葉が寺院で好まれ、
精進料理に代表されるように、京都で湯葉づくりが盛んに行われるもとにもなった。
湯波吉の初代もかつて知恩院の賄いをつくる料理人として
湯葉づくりをしていたこともあるという。

寛政二年（一七九〇年）創業
湯《ゆ》波《ば》吉《きち》

錦の湯葉

湯葉は大豆と水だけを材料としてつくられる。シンプルなだけに素材の良し悪しや、つくり手の個性が出来上がりにそのまま映し出される。湯波吉の店内に並べられる湯葉はすべて店の奥の工場でつくられ、作業は昔と変わらずそのほとんどが手作業で行われている。店頭での販売も行われているが、つくられた湯葉のほとんどは京都の料理店に卸される。

「料理屋さんで使ってもらった湯葉は、そのお店のお出汁で味付けされて、うちで出来たときとはさらに違う顔になっています。それを見に、うちの湯葉を使ってくださっている料理屋さんに行くのがすごく楽しみなんですよ。値段のこともあるので、そんなにしょちゅうというわけにはいきませんが」

店には奥でつくられたばかりの引き上げ湯葉や小さく小分けして巻かれた小巻湯葉などが置かれる。乾燥湯葉も、引き上げた湯葉を店で乾燥させたものだ。

「観光で京都以外から来られるお客さんなどには、日保ちのする乾燥湯葉をお薦めするんですが、どうしても生湯葉のほうが上等に見られることが多いですね。『味は同じですよ』とお伝えはするのですが。生湯葉は時間が経つと風味も変わってしまいますし、衛生面も心配ですしね」

丸い竹串

湯波吉の湯葉は錦の井戸水と厳選された国産大豆からつくられる。

錦市場近く、錦天満宮の水は古くより京都の名水に数えられ、湯波吉もその恩恵に預かっている。美しい水を豊富に使える恵まれた環境は、湯波吉の湯葉づくりの礎となったとも言える。

大豆の品種は、時代によって良質なものを求めて海外産のものから国内各地のものまでが使われてき

湯波吉

たが、現在は主に滋賀県産のものに落ち着いているという。作物であるため、自然天候によってその出来が左右されることや天候不良などによる全国的な不作に陥ることは避けられない。毎年、安定した質の大豆を確保し続けることは並大抵の努力ではない。

「いい豆を使って湯葉をつくると、おからがきめ細かく白いきれいな色になるんです」。見せてもらったおからは確かに雪のように白く、薄茶色をしたよく見るおからの色とは明らかに違う。「よくお客さんに『どうしてこんなに白いんですか』と聞かれるんですが、お肌と一緒です。きめが細かいと白く見えるんですよって答えるんです」

湯葉づくりはまず、水に漬けた大豆をすり潰し、そこでできた「のた」を炊く。煮えたのたは絞られて豆乳とおからに分けられ、豆乳を平鍋に入れて湯煎で温めると表面にできる膜の端をつかみ、竹串ですっと引き上げ折りたたむ。

竹串で引き上げ、折りたたむのは一瞬の作業だ。

「時間をかけてしまうと湯葉がぶ厚くなってしまったり、竹串にひっついてしまうんですよ。引き上げるときはひと息ですね。うちはいったん棚に引き上げてから折りたたみますが、よその湯葉屋さんは手の上まで引き上げてから折るみたいです。たぶん、この引き上げ方はうちだけなんじゃないかと思います。以前から不思議に思っていて、父に聞いたこともあるのですが、父も仕事を始めた頃からこのやり方でしていて、いつからそうなったのかは知らないと言っていましたね」

湯葉を引き上げるための竹串は、もともと角形だったものが、使うごとに角がなくなり、ほぼ丸くなっていた。越智さんが今も昔と変わらない工程を何度も何度も繰り返し続けてきたことを、その竹串が示していた。

P292：木枠に張った豆乳を湯煎にかけ、一定のリズムで次々に湯葉を引き上げていく。
P293上：作業場は引き上げられたばかりの湯葉で瞬く間にいっぱいになる。下：生湯葉と同じように引き上げた湯葉を使い、より日保ちのする乾燥湯葉がつくられる。

牛のよだれ

「よく、先代は『商売は牛のよだれ。細う、長うやらなあかん』と言っていましたね。むやみに規模を拡大したり、自分の分を超えずに真面目に湯葉をつくっていかなあかんということやと思っています」。越智さんは、先代である父から湯葉づくりや店のことすべてを学び、受け継いだ。

「教えると言っても、言葉ではひとつも教えてくれませんでしたね。とにかく見て、覚えろと。それでもわからないことがあると、聞けば、教えてくれました」

「湯葉づくりそのものはとても単純な作業です。大変さを感じるのは、それをずっと続けて行くこと。材料の確保や店の運営のこともすべて含めて。まさに大事なのは『牛のよだれ』なんだと思います」

初代が錦に店を構えて二百余年。当時からほとんど変わらないやり方で湯波吉は今も湯葉をつくり続けている。良い材料を、丁寧な手仕事で。単純なこの繰り返しが現在の湯波吉をつくってきたのだろう。現在、多くの京料理の名店でその湯葉が使われていることが、何よりもその品質の高さを物語っている。

湯波吉

中京区錦小路通御幸町西入鍛冶屋町二一三

商売は牛のよだれ。細う、長うやらなあかん。

三嶋亭

帯屋捨松

佐々木竹苞書楼

山中油店

雨森敬太郎薬房

高室畳工業所

通圓

かま八老舗

彩雲堂

いもぼう平野家本店

大市

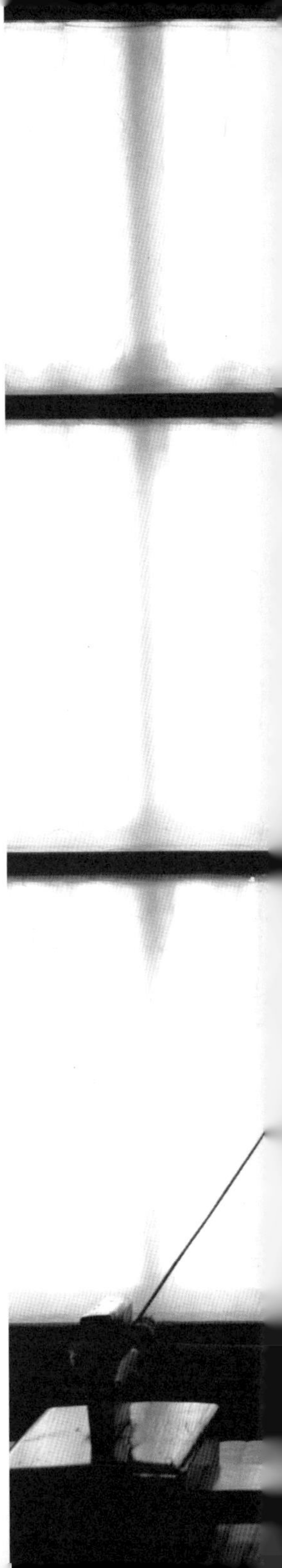

帯屋捨松

おわりに

――伝統とは、変わり続けていくこと。

取材中、実に多くの人たちからこの言葉を耳にしました。業種や店の成り立ちなどの違いから、その都度表現の仕方は変わっていましたが、今回この本に登場していただいたお店のほとんどの方がほぼ同じ意味のことをおっしゃっていたのではないかと思います。このことに気付いて以来、本書の取材は、一般に「創業時と同じ方法で」「創業以来変わらないものを」というイメージを持たれることが多い老舗と呼ばれる店の「何が、どのように変わったのか」を知ろうとすることが主題となりました。

経済動向や生活様式の変化などに伴って、それぞれのお店が変化してきたことはいくらでもありました。また、どのお店にも共通して創業時から変わらない部分があることも知りました。それは、顧客と商品（サービス）に対する嘘の無い姿勢でした。

より良い商品を提供するために時代に即した変化に柔軟に対応していく。

簡単なことのようで、なかなかできることではありません。現在の店のかたちは、それぞれの時代に店を預った人たちが悩み、苦しみながらかたちづくってきたものだったと強く知らされました。老舗の歴史は、各時代に生きた人の営みの歴史とも言えるものだったのです。

取材を終え、「暖簾をまもる」という言葉の「暖簾」の意味を知ることができたような気がします。

本書を手にしてくださった方々にも同じように感じていただければ嬉しく思います。

この本にご登場いただき、お忙しい中、取材に撮影にと多大な時間を割いてくださった三十六軒のお店の方々には本当に感謝しています。皆さんが聞かせて下さったお話しには京都の過去と現在、そして未来がたくさん詰まっていました。それぞれの分野で京文化の一翼を担う皆さんの今後のさらなるご発展をお祈りしています。

全編を通じて綺麗な、そしてそれぞれのお店の「今」をくっきりと映し出す写真を撮影してくださったカメラマンの中島光行氏、木村有希さん、また、この本の企画から刊行まで大きな助けになっていただいた水曜社の北畠夏影氏、そのほかの皆様に心よりお礼を申し上げます。ありがとうございました。

米原　有二
藤田あかり

二〇〇八年一月

米原有二
藤田あかり
フリーランスの編集者、ライターがそれぞれの領域を活かし、書籍、雑誌記事の企画・取材・編集を行う共同事務所として2005年にサクラエディトリアルワークスを設立。京都に拠点を置き、伝統産業をはじめとする日本文化に特化した取材を精力的に行う。

中島光行
2003年、京都にフリーカメラマンの共同事務所、PHOTO STUDIO Visual Cafeを設立。
雑誌、広告、美術品、宝物、社寺の風景など活動媒体、撮影分野は多岐に渡る。

撮影アシスタント　木村有希
(PHOTO STUDIO Visual Cafe)

装　幀　鈴木恵晴
編　集　北畠夏影

京都老舗 暖簾のこころ

発行日　2008年3月3日　初版第一刷

著　者　米原有二
藤田あかり
写　真　中島光行
発行人　仙道弘生
発行所　株式会社　水曜社
〒160-0022　東京都新宿区新宿1-14-12
TEL03-3351-8768　FAX03-5362-7279
URL www.bookdom.net/suiyosha/
印　刷　亜細亜印刷
制　作　青丹社

ISBN978-4-88065-204-7 C0072

京瓦
京の木工芸
竹工芸
蒔絵
京刃物
能面
京足袋
截金
京組紐
表装
房・よりひも
邦楽器弦
京扇子
京無地染
旗印染
京鹿の子絞り
京丸うちわ
京印章
型友禅
京提燈
京繍
西陣織
花かんざし
色紙・短冊
京弓

水引細工
京象嵌
黄楊櫛
京すだれ
キセル
京唐紙
和ろうそく
金網細工
京銘竹
京和傘
京石工芸品
杼
京黒紋付染
京念珠
手摺りカルタ
数奇屋金具
茶筒
七宝
和本
京仏具
調べ緒
神鏡
京真田紐
薫香
京焼